Fray Bartolomé de las Casas

Vida de Cristóbal Colón

Edición de André Saint-Lu

Barcelona **2023**
linkgua-digital.com

Créditos

Título original: Vida de Cristóbal Colón.

© 2023, Red ediciones S.L.

e-mail: info@linkgua.com

Diseño de cubierta: Michel Mallard.

ISBN rústica: 978-84-9007-794-8.
ISBN ebook: 978-84-9007-492-3.

Cualquier forma de reproducción, distribución, comunicación pública o transformación de esta obra solo puede ser realizada con la autorización de sus titulares, salvo excepción prevista por la ley. Diríjase a CEDRO (Centro Español de Derechos Reprográficos, www.cedro.org) si necesita fotocopiar, escanear o hacer copias digitales de algún fragmento de esta obra.

Sumario

Créditos _____ 4

Brevísima presentación _____ 23
    La vida _____ 23
    La obra _____ 23

Donde comienza según Bartolomé de las Casas, la vida del predestinado Colón 25

El pequeño Cristóbal va a la escuela _____ 29

Pero principalmente fue un marino tan viajado que dice haber llegado hasta Islandia (Ultra Tule) y a Guinea, en África _____ 30

Lo que aprendió en el arte de la marinería y de la guerra de su tocayo Columbo Junior. De cómo se casó, vivió en el reino de Portugal y tuvo un hijo __ 32

Andando por tantas aguas y convencido de la redondez del planeta estudia a los antiguos y se convence de que es posible ir de Occidente al Oriente _____ 35

Pero como en esa época se desconocía el verdadero tamaño del mundo, para saber más, Colón se lee a los grandes autores del pasado _____ 38

El viejo filosofo griego Platón hablaba del país de la Atlántida, en medio del océano, y a Colón le dan ganas de conocerlo _____ 39

Así como leyó al griego Aristóteles, al alejandrino Ptolomeo, a los europeos Alberto Magno y Eneas Silvio Piccolomini, se dedica también a estudiar a los modernos _____ 40

Para saber más se cartea con el sabio florentino Marco Paulo Toscanelli quien le mete en la cabeza que para ir al extremo de Oriente, primero había que llegar a las tierras del gran can (China): ambos ignoraban que en medio del camino estaba América. El sabio responde a su carta _____ 41

Además de frecuentar a los sabios, Colón habla con experimentados marinos que dicen haber estado en la otra parte, en el mundo desconocido _____ 43

Donde se cuentan otras singulares historias de marinos portugueses _____ 45

Para completar, cuando los españoles llegaron a América, algunos indios les dijeron que, antes de ellos, ya los habían visitado otros barbudos _____ 47

Para realizar su sueño Colón necesita apoyo oficial y se va a Portugal a cuyo rey ofrece sus servicios _____ 48

Pero a cambio de su esfuerzo, Colón impone muchas condiciones económicas _____ 49

El rey lo oye, en secreto manda unas naves por la misma ruta que Colón le indica fracasa Colón se va de Portugal porque, además, su soberano está muy ocupado en luchar contra los árabes y conseguir mejores rutas hacia la India _____ 50

Mientras Colón viaja a España en busca de apoyo para su plan, envía a su hermano Bartolomé a la corte inglesa con el mismo propósito _____ 52

Donde comienzan las penas de Colón en España: obtener una audiencia con los reyes, convencer a sus consejeros sobre la viabilidad de su proyecto, demostrar que no era un loco _____ 54

Pero ¿por que se oponían a Colón los asesores de los reyes? _____ 58

Frustrado por tantas incompresiones y demoras Colón va a Sevilla y expone sus ideas a varios nobles que interceden por el, pero fracasan. Cuando está a punto de irse a Francia, lo oye fray Juan Pérez y alega en su nombre ante la reina _____ 61

Finalmente y gracias a la intervención de altos funcionarios, Isabel de Castilla lo recibe, acepta su plan y ordena ejecutarlo _____ 63

Se firma entonces un contrato y se estipulan los privilegios de Colón, a cambio del mundo que habrá de entregar a los reyes de España _____ 66

Colón se va al puerto de la villa de Palos y comienza a preparar la expedición en la que destacaran tres hermanos de apellido Pinzón _____ 68

Están listas las más famosas carabelas de la historia: La Pinta, muy ligera, que siempre se adelantaba a sus hermanas y fue la primera en ver el nuevo mundo. La Niña, que acompañaría a Colón en tres viajes; la Santa María, naufragada después frente a las costas de Haití _____ 70

Es hora de partir _____ 71

Ruta y destino hacia las islas Canarias. La Pinta sufre una avería. ¿Sabotaje? El volcán de tenerife los saluda con sus fuegos _____ 73

Están en medio del mar desconocido, se angustian y esperanzan _____ 74

Competencias de velocidad en pleno océano por el premio de América _____ 75

Pero pronto surge el descontento porque pasan los días sin resultados. Los marinos se asustan de ver tanta calma en el mar. Colón los apacigua, pero corre el peligro de una insubordinación _____ 76

¿Estaría cambiando también la posición de las estrellas? El almirante Colón descubre que los horarios cambian según los continentes _____ 78

Falsa alarma: faltan cinco días para la historia pero no lo saben _____ 79

¡Tierra! ¡Tierra! ¡Tierra! _____ 80

Hemos llegado a Guanahaní, es decir San Salvador tierra de hombres sanos...
Y desnudos _____ 83

Primeros regalos indígenas _____ 86

Gente hermosa y de buena estatura _____ 87

Los españoles, venidos del cielo, según los indios, contemplan por primera vez el barco americano: una canoa. ¿Dónde está el oro? Hacia el sur, dicen los indios _____ 88

Aquí comenzó el error, advierte fray Bartolomé, preocupado porque el almirante tenía que complacer a los reyes y compensar sus gastos _____ 90

Hay tantas islas, todas magníficas, que el almirante no sabe cual elegir. Avista Santa María de la Concepción (hoy islas Caicos, cerca de las Bahamas) __ 91

Colón descubre además varias cosas juntas: la isla Fernandina, el pan que los indios hacen de mandioca o yuca, y como los nativos riegan la noticia de que han llegado unos extraños _____ 92

Atento a todo, Colón se maravilla de los peces y de las culebras grandes y gordas _____ 94

Los españoles que bajan a la playa regresan con otras novedades: en sus limpias casas, los indios duermen en hamacas _____ 95

De la tierra llega hasta las naos un delicioso olor de flores y de arboles _____ 96

En su ruta aparece la Isla de Cuba, pero cree haber encontrado el rico reino de Cipango (Japón) que había venido a buscar por la ruta del oeste _____ 97

Colón va por la vereda tropical, llena de más y más bellezas _____ 98

Pero estas hermosuras no son una isla, piensa Colón, son un continente: es la China la tierra del gran can _____ 99

Los españoles hacen una campaña de relaciones públicas y tienen gran éxito pues los indios los creen venidos del cielo _____ 100

Fumar es un placer: ¡tabaco cubano, caballero! _____ 101

Viéndolos tan mansos y desnudos, el almirante piensa que los indios podrían llegar a ser buenos cristianos. Se le ocurre entonces secuestrar a algunos de ellos para llevarlos a España _____ 102

Además de Cuba, a Colón llega la noticia de que hay otra isla grande y rica, que llamará La Española (dónde hoy están Haití y la República Dominicana) __ 103

Donde se cuenta la escapada de Martín Alonso Pinzón _____ 104

A Colón le gustaría verlo todo y rápido, pero le es difícil comunicarse con los indios _____ 105

Pero no todo. Es fiesta y adoración: algunos indios huyen cuando los europeos se acercan _____ 106

Ante sus ojos está Haití, en sus oídos un rumor: los indios de otras partes aseguran que los de La Española son caníbales, pero el almirante dice que son calumnias _____ 107

Los indios le informan de un reino enorme, Caribana, pues por sus viajes tenían noción de que detrás de las islas estaba el continente _____ 108

Tan buenos y tan mansos, o los peligros de la inocencia, según Bartolomé de las Casas _____ 109

Colón entabla relación con el señor y gran rey indio Guacanagarí, quien le hace un buen obsequio _____ 110

Como en todas partes, los españoles preguntan por el oro y los indios dicen siempre que más allá, de lo que Colón deduce que debe estar cerca el Japón __ 111

Por un descuido naufraga la Santa María durante la primera navidad de los europeos en América _____ 112

Si las otras carabelas no quisieron auxiliar a los náufragos, el rey Guacanagarí sí prestó apoyo a Colón _____ 114

Como el almirante no se cansa de descubrir, encuentra ahora que los indios son grandes bailadores y fiesteros _____ 115

Con los restos de la nave naufragada los españoles construyen su primer establecimiento en América Colón consigue cinco razones para dejar aquí una primera población_____ 116

Los reyes indios agasajan a Colón e intercambian regalos _____ 117

Antes de partir, Colón hace buenas recomendaciones a quienes quedan como sus representantes. Pero no le hicieron caso _____ 118

Cómo el almirante se va, una sirena sale a despedirlo_____ 121

También como despedida, ocurre la primera pelea entre españoles e indios __ 122

Otra vez en el inmenso mar sobreviene el miedo de una tempestad y se hacen promesas, si se salvan _____ 124

Poco a poco se van acercando a Europa_____ 125

Han llegado sanos y salvos a Lisboa, Colón escribe al rey de Portugal y explica que viene de las Indias, no de África _____ 126

Al comprender lo ocurrido, todo es admiración _____ 127

Record mundial del siglo XV: primer rey europeo que tiene el honor de ver a un americano con sus propios ojos _____ 129

Colón vuelve a España después de 225 días de ausencia _____ 131

¿Qué significa para la humanidad haber hallado un nuevo continente? Responde fray Bartolomé _____ 132

Bartolomé de las Casas explica el significado espiritual de haber puesto América ante los ojos de Colón _____ 133

Desde Barcelona, los reyes de España escriben a Colón _____ 134

Colón emprende camino hacia la corte y los pueblos se vuelcan en la ruta para saludarlo _____ 135

Isabel y Fernando lo reciben con honores _____ 136

En recompensa, el papa hace de Isabel y Fernando reyes católicos y les da poder completo, en nombre de Dios, sobre todas estas tierras nuevas, desconocidas para Europa _____ 137

Para agradecer sus hazañas, los reyes confirman a Colón sus privilegios y a sus hermanos hacen nobles _____ 138

Destino de los indios americanos llevados a Europa _____ 139

Tras un breve intervalo, Colón organiza su segundo viaje _____ 140

Donde se cuenta quien era el descubridor Alonso de Hojeda _____ 141

Antes de volver a América juran lealtad. Vienen pocos religiosos en esta travesía _____ 142

¿Tenía Colón algún secreto muy secreto con los reyes? _____ 143

En América por segunda vez descubre nuevas islas: Dominica Guadalupe, presiente estar cerca de tierra firme, pero falta mucho para probar su intuición _____ 144

Las once mil vírgenes, que no eran tantas, y Borinquen, hoy Puerto Rico _____ 146

Avistada la isla La Española, Colón envía como su mensajero a un indio viajado por Europa _____ 147

A recibirlo, el rey Guacanagarí manda mensajeros. Comienza a sospechar lo que pasó con los españoles que quedaron en la isla _____ 148

En busca del fuerte de la natividad, en donde habían quedado los primeros colonos _____ 149

Pero Colón no ceja: decide fundar un pueblo europeo en estas costas _____ 152

Parten para España unos navíos a llevar noticias frescas y oro _____ 154

Bernal de Pisa protagoniza la primera rebelión española en América _____ 155

Fundación de la fortaleza de Santo Tomas. Por primera vez se cultiva la cebolla son encontrados unos misteriosos huevos de piedra _____ 157

Como no tienen que comer y están flacos y enfermos, el almirante obliga a los españoles a trabajar y se gana muchos enemigos _____ 159

La visita de unos fantasmas descabezados _____ 161

Donde se cuentan las malas acciones de Alonso de Hojeda y sus nefastas consecuencias en el trato con los indios _____ 162

Colón organiza un consejo para gobernar la villa de Isabela, que habría de convertirse en el primer puerto, astillero, almacén y aduana del comercio con España _____ 165

El descubrimiento de Jamaica los indios se resisten _____ 166

Colón se propone destruir a los indios caníbales pero sufre de insomnio y después de modorra _____ 168

De regreso a la Isabela la encuentra alborotada y a los indios alzados, y no es para menos porque los sojuzgan _____ 169

En la batalla contra los indios se aplica la ley del talión y mucho más _____ 171

Se extiende la conflagración, prisión de Caonabo quien sin embargo admira a su captor hojeda. Triste fin de este rey indio _____ 172

Mientras, llega a España con noticias y chismes, la flota que desde América enviara Colón _____ 173

Entre tanto, en las islas, comienzan a trabajar los perros de guerra _____ 174

Es que los indios no sabían contar _____ 175

Nuevas operaciones de comandos _____ 176

De cómo los indios comenzaron a pagar impuestos de oro desde los catorce años de edad _____ 177

Los indios deciden no volver a cultivar sus huertos, y a la guerra se suma el hambre que los mata _____ 180

Pero como el oro que se saca no es suficiente y a la corte española llegan noticias de que Colón la engaña, le envían a Juan Aguado como escudriñador de sus acciones _____ 182

Entusiasmados por las riquezas de América en Sevilla se organizan marinos y vecinos para viajar y los reyes los autorizan _____ 183

Juan Aguado interfiere la autoridad del almirante quien, lleno de paciencia lo sufre _____ 184

Los españoles descubren los terribles huracanes del Caribe _____ 186

Entre tanto se edifican nuevas fortificaciones, que las crueles guerras deshicieron, recuerda fray Bartolomé _____ 187

Se construyen las primeras naves fabricadas en América. Bartolomé y Diego Colón son convertidos en gobernadores. El almirante viaja a España _____ 188

Colón va en busca de la corte para informar sobre sus empresas y explicar sus problemas _____ 190

Los reyes lo acogen bien y toman previsiones para organizar las nuevas tierras. Vendrán artesanos, clérigos, agricultores, un físico. Un boticario y algunos instrumentos músicos _____ 191

Disposiciones relativas a la distribución de tierras, aguas, oro y plata _____ 193

Colón también se equivoca, dice fray Bartolomé, y explica la razón _____ 194

Mientras, desde la Isabela, se cuenta cómo fue el gobierno de Bartolomé Colón. Visita al rey indio Behechio y a su poderosa hermana Anacaona, quienes lo reciben con bailes de areítos _____ 195

Retrato de la poderosa Anacaona _____ 197

Las fiestas y el esplendor de Anacaona _____ 198

Mientras Colón está en España, en América comienza la rebelión de Francisco Roldán, que le traerá tantos dolores de cabeza _____ 200

Las estrategias de Roldán _____ 201

Donde siguen los líos de Roldán _____ 202

Roldán gana adeptos _____ 204

De cómo los indios pagan los pleitos extranjeros _____ 205

Para fray Bartolomé, los problemas causados por Roldán fueron un castigo del cielo para los hermanos Colón _____ 206

Sin embargo, los reyes ratifican al almirante sus privilegios anteriores y le dan otros nuevos _____ 207

Comienza el tercer viaje de Colón, ahora con el peligro de naves francesas en guerra: pasa otra vez por las islas Canarias _____ 208

Más hacia el sur llega a las islas de Cabo Verde, cerca de la costa de Guinea, de donde, abastecido, emprende la ruta de América _____ 210

El cielo se llena de innumerables aves, junto al Atlántico está la isla de Trinidad _____ 211

Por intuición, Colón da por fin con tierra firme, es decir, con el continente americano, no con el rosario de islas que hasta el momento conociera _____ 212

Buen observador, el almirante contempla a los nativos y describe sus cuerpos, sus pelos y sus armas _____ 214

Tal es el caudal de agua dulce (el río Orinoco), que la razón le indica hallarse ante un continente. Hay ostras y papagayos _____ 215

Descubrimiento de la península de Paria, en la actual Venezuela _____ 216

Este mar es dulce _____ 217

Los indios le dicen que más abajo hay espejos de oro _____ 218

Se pelean las aguas dulces y saladas. Los navíos se sienten atrapados en la boca de un dragón, animal que da nombre a una de las salidas del gran río ___ 219

Más al norte descubre la isla de las Perlas. De tanto vigilar los mares y las tierras, Colón está enfermo de los ojos ___ 221

Los razonamientos del agua: hay tierra firme, lo que no hace sino confirmar lo que ya se decía en el Antiguo Testamento ___ 223

No fue de otro, insiste fray Bartolomé, la gloria de encontrar tierra firme, primero fue Colón ___ 224

Donde Bartolomé de las Casas defiende a Colón de la confusión, involuntaria, creada por Américo Vespucio ___ 225

Los descubrimientos de Alonso de Hojeda, también en tierra firme, fueron después, asegura nuevamente fray Bartolomé ___ 226

La confusión de América ___ 228

No es solo un continente, nuevo y desconocido de los europeos, es además, y nada menos, que el Paraíso terrenal ___ 229

Después de dos años y medio Colón vuelve a La Española ___ 230

Encuentra que todo está revuelto, que Roldán está alzado, que muchos quieren volver a España ___ 231

Negociaciones con Roldán ___ 232

Malas consecuencias ___ 234

Colón se ve obligado a despachar unas naves para España ___ 235

El almirante explica a los reyes el problema de Roldán ___ 236

Mientras, cunde el mal ejemplo y Colón cede _____ 237

Más y más consecuencias de lo de Roldán_____ 239

Donde se relatan las hazañas de otros navegantes mientras Colón estaba sumergido en los lios del gobierno_____ 241

De cómo Vicente Yañez Pinzón descubrió Brasil cuando Colón estaba en tanto pleito _____ 242

Colón, sumido en la pena teme la pérdida de sus privilegios. Para completar de España le mandan a Francisco de Bobadilla para que investigue los desórdenes 243

Bobadilla entra en funciones _____ 244

Las acusaciones contra Colón son largas_____ 245

De cómo los hermanos Colón, incluyendo al almirante, terminaron presos ____ 247

¡Que injusticia, dice fray Bartolomé: Roldán sin culpa, Colón encadenado! Así, humillado, llega a España el almirante de la mar océana _____ 249

Colón cuenta sus penas a los reyes _____ 250

Colón pide justicia, pero para gobernar todas las Indias, los reyes nombran a Nicolás de Ovando _____ 251

Se le instruye sobre no esclavizar a los indios _____ 252

Qué pasaba, entre tanto, con Colón _____ 253

Aunque no será gobernador, a Colón le son restituidos sus privilegios y se le dan instrucciones para que viaje otra vez_____ 254

Preparativos de viaje _____ 255

Es hora de partir, oh abandonado _____ 256

Aunque no le estaba permitido, Colón llega a Santo Domingo y se le niega puerto. Anuncia la inminencia de una tempestad y solo consigue burlas _____ 257

Como lo había advertido, los mares y los cielos se agitan hasta que naufraga la flota española _____ 258

Viaja entonces y cada vez más lanzado hacia el oeste da con Centroamérica tiene noticias de otras tierras en Yucatán (México) y cuyos marinos exhiben pan y vino de maíz, cacao, navajas de pedernal y otros enseres _____ 259

Aunque otra vez ha tocado tierra firme, sigue buscando un paso de mar que lo haga entrar en la rica Asia de sus sueños _____ 261

Colón va a parar al Cabo de Gracia de Dios (Nicaragua), luego de observar los raros atavíos de los indios _____ 262

Ahora llega a Panamá _____ 263

Siempre en el mar lo sacude una espantosa tormenta la comida escasea o se pudre _____ 264

En el río Belén de Veragua (Panamá) _____ 265

La crecida del río los arrastra con gran peligro _____ 266

Como los indios son mansos, hay oro y la tierra es buena, resuelven instalar un campamento y fundar el primer pueblo europeo en Centroamérica _____ 267

Las hazañas de don Hernando con el cacique Quibia _____ 268

Contrataque de Quibia y arremetida española _____ 269

Rodeados de peligros _____ 271

Los indios intentan huir de la nave que los tiene prisioneros y al no conseguirlo se suicidan _____ 272

Colón viaja más al sur, regresa al mar Caribe y sus naves naufragan en Jamaica 273

Envía dos mensajeros a pedir auxilio _____ 274

Parten las dos canoas hacia Santo Domingo _____ 275

Relato de unos náufragos _____ 276

Llegan los enviados a su destino y Colón es auxiliado _____ 277

Mientras, en Jamaica, un grupo de náufragos se subleva contra Colón y tras muchos intentos se marchan en canoas _____ 278

Los restantes pasan hambre. Colón, cual mago, predice un eclipse y, aterrados, los indios le sirven _____ 279

Colón regresa a Santo Domingo, recibe nuevas vejaciones. Parte definitivamente para España _____ 281

Colón llega a Sevilla y, para su mayor tristeza, encuentra que su protectora la reina Isabel ha muerto _____ 282

Sin embargo, viaja a la corte y entera al rey Fernando de su última empresa y de las recientes rebeliones de su flota _____ 283

Colón pide una recompensa por sus servicios, pero el reclamo de sus privilegios entra en infinitas dilaciones _____ 284

Muere el almirante _____ 285

Murió pobre y despojado, insiste Bartolomé de las Casas al concluir la vida de Colón _____ **286**

Libros a la carta_____ **289**

Brevísima presentación

La vida
Bartolomé de las Casas (Sevilla, 1474-Madrid, 1566). España.

De las Casas fue colono y encomendero en La Española, y más tarde fraile dominico y obispo de Chiapas. En 1502 llegó a La Española para hacerse cargo de las propiedades de su padre, y diez años más tarde fue el primer sacerdote ordenado en América. Después vivió en Cuba y obtuvo numerosas riquezas gracias a los repartimientos y encomiendas. En 1514, regresó a España y renunció a todas sus propiedades. Tras su experiencia en América, promulgó un nuevo modelo de evangelización y se convirtió en un ferviente defensor de los derechos de los indios, lo cual provocó la enemistad de obispos, gobernadores y miembros del poderoso e influyente Consejo de Indias. En 1520 viajó a Venezuela para poner en práctica sus ideas sobre una colonización pacífica, y años después predicó en tierras de Nicaragua y Guatemala, hasta que en 1540 regresó a España, donde fue uno de los más destacados impulsores de las *Leyes Nuevas* (1542) y escribió *Brevísima relación de la destrucción de las Indias*, obra dirigida al príncipe Felipe, futuro rey Felipe II de España, quien por entonces se ocupaba de los asuntos de Indias. En 1544, tras ser nombrado obispo en Sevilla, tomó posesión de la diócesis de Chiapas, donde denunció los crímenes de los colonos y se ganó un buen número de enemigos. En 1546 se trasladó a México y un año después regresó a España, donde redactó su *Historia de las Indias* (1552-1561), que solo se publicaría en 1875.

La obra
Gracias a los escritos de Bartolomé de las Casas conocemos parte de la *Vida de Cristóbal Colón*, sin embargo, nunca coincidieron. Las Casas se embarcó hacia América en 1502 y residió en La Española hasta su retorno a Sevilla en 1506. Precisamente en 1502, Colón hizo su cuarto y último viaje. Quizá estas dos notables figuras se hubieran conocido, pero una tormenta hizo desembarcar a Colón en Jamaica donde permaneció hasta su regreso a España en 1504. El navegante genovés era treinta años mayor que el

fraile sevillano y murió dos años después en Valladolid, con poco más de cincuenta años. Las Casas fallecería casi medio siglo después.

Bartolomé de las Casas fue uno de los principales biógrafos y relatores de las aventuras de Colón. Aunque algunos historiadores discrepan de ciertos detalles, no hay lugar a dudas de que nadie, en su época, estaba mejor documentado que el fraile dominico español. Tuvo acceso a sus diarios, a sus cartas, a los textos oficiales y a otros documentos.

Donde comienza según Bartolomé de las Casas, la vida del predestinado Colón

Y por llevar por orden de historia lo que de su persona entendemos referir, primero se requiere, hablando de personas notables, comenzar por el origen y patria dellas. Fue, pues, este varón escogido de nación genovés, de algún lugar de la provincia de Génova; cuál fuese donde nació o qué nombre tuvo el tal lugar, no consta la verdad dello, más de que se solía llamar, antes que llegase al estado que llegó, Cristóbal Columbo de Terra-Rubia, y lo mismo su hermano Bartolomé Colón, de quien después se hará no poca mención. Una Historia portuguesa que escribió un Juan de Barros, portugués, que llamó Asia, en el lib. III, cap. 2 de la primera década, haciendo mención deste descubrimiento, no dice sino que, según todos afirman, este Cristóbal era genovés de nación. Sus padres fueron personas notables, en algún tiempo ricos, cuyo trato o manera de vivir debió ser por mercaderías por la mar, según él mismo da a entender en una carta suya. Otro tiempo debieron ser pobres por las guerras y parcialidades que siempre hubo y nunca faltan, por la mayor parte, en Lombardía. El linaje suyo dicen que fue generoso y muy antiguo, procedido de aquel Colón de quien Cornelio Tácito trata en el lib. XII al principio, diciendo que trajo a Roma preso a Mitrídates, por lo cual le fueron dadas insignias consulares y otros privilegios por el pueblo romano en agradecimiento de sus servicios. Y es de saber, que antiguamente el primer sobrenombre de su linaje dicen que fue Colón; después, el tiempo andando, se llamaron Colombos los sucesores del susodicho Colón romano o capitán de los romanos; y destos Colombos hace mención Antonio Sabélico, en el lib. VIII de la década 10, folio 168, donde trata de dos ilustres varones genoveses que se llamaban Colombos, como abajo se dirá.

Pero este ilustre hombre, dejado el apellido introducido por la costumbre, quiso llamarse Colón, restituyéndose al vocablo antiguo, no tanto acaso, según es de creer, cuanto por voluntad divina, que, para obrar lo que su nombre y sobrenombre significaba, lo elegía. Suele la divinal Providencia ordenar que se pongan nombres y sobrenombres a las personas que señala para se servir conformes a los oficios que les determina cometer, según asaz parece por muchas partes de la Sagrada Escritura, y el Filósofo, en el IV de la *Metafísica*, dice que los nombres deben convenir con las propiedades y oficios de las cosas.

Llamóse, pues, por nombre, Cristóbal, conviene a saber, Christtum ferens, que quiere decir traedor o llevador de Cristo, y así firmaba él algunas veces; como en la verdad él haya sido el primero que abrió las puertas deste mar Océano, por donde entró y él metió a estas tierras tan remotas y reinos hasta entonces tan incógnitos a Nuestro Salvador Jesucristo y a su bendito nombre el cual fue digno que antes que otro diese noticia de Cristo e hiciese adorar a estas innúmeras y tantos siglos olvidadas naciones. Tuvo por sobrenombre Colón, que quiere decir poblador de nuevo, el cual sobrenombre le convino en cuanto por su industria y trabajos fue causa que descubriendo estas gentes, in finitas ánimas dellas, mediante la predicación del Evangelio y administración de los eclesiásticos sacramentos, hayan ido y vayan cada día a poblar de nuevo aquella triunfante ciudad del cielo. También le convino, porque de España trajo el primero gente (si ella fuera cual debía ser) para hacer colonias, que son nuevas poblaciones traídas de fuera, que puestas y asentadas entre los naturales habitadores destas vastísimas tierras, constituyeran una nueva, fortísima, amplísima e ilustrísima cristiana Iglesia y feliz república.

Lo que pertenecía a su exterior persona y corporal disposición, fue de alto cuerpo, más que mediano; el rostro luengo y autorizado; la nariz aguileña; los ojos garzos; la color blanca, que tiraba a rojo encendido; la barba y cabellos, cuando era mozo, rubios, puesto que muy presto con los trabajos se le tornaron canos. Era gracioso y alegre, bien hablado, y, según dice la susodicha Historia portuguesa, elocuente y glorioso, dice ella, en sus negocios. Era grave con moderación, con los extraños afable, con los de su casa suave y placentero, con moderada gravedad y discreta conversación, y así podía provocar los que le viesen fácilmente a su amor. Finalmente, representaba en su presencia y aspecto venerable persona de gran estado y autoridad y digna de toda reverencia. Era sobrio y moderado en el comer y beber, vestir y calzar. Solía comúnmente decir, que hablase con alegría en familiar locución, o indignado, cuando reprendía o se enojaba de alguno: «Doy vos a Dios; ¿no os parece esto y esto?» o «¿por qué hicisteis esto y esto?».

En las cosas de la religión cristiana, sin duda era católico y de mucha devoción; casi en cada cosa que hacía y decía o quería comenzar a hacer, siempre anteponía: «En el nombre de la santa Trinidad haré esto» o «vendrá esto, o «espero que será esto». En cualquiera carta u otra cosa que escribía, ponía en la cabeza «Jesús cum María sit nobis in via», y destos escritos suyos y de su propia mano tengo yo en mi poder al presente hartos. Su juramento era algunas veces: «juro a san Fernando»; cuando alguna cosa de gran importancia en sus cartas quería con juramento afirmar, mayormente escribiendo a los reyes, decía: «hago juramento que es verdad esto». Ayunaba los ayunos de la Iglesia observantísimamente; confesaba muchas veces y comulgaba; rezaba todas las horas canónicas como los eclesiásticos o religiosos; enemicísimo de blasfemias y juramentos; era devotísimo de Nuestra Señora y del seráfico padre san Francisco; pareció ser muy agradecido a Dios por los beneficios que de la divinal mano recibía, por lo cual, casi por proverbio, cada hora traía que le había hecho Dios grandes mercedes, como a David. Cuando algún oro o cosas preciosas le traían, entraba en su oratorio e hincaba las rodillas, convidando a los circunstantes, y decía «demos gracias a Nuestro Señor, que de descubrir tantos bienes nos hizo dignos». Celosísimo era en gran manera del honor divino; cúpido y deseoso de la conversión destas gentes, y que por todas partes se sembrase y ampliase la fe de Jesucristo, y singularmente aficionado y devoto de que Dios le hiciese digno de que pudiese ayudar en algo para ganar el santo Sepulcro; y con esta devoción y la confianza que tuvo de que Dios le había de guiar en el descubrimiento deste orbe que prometía, suplicó a la serenísima reina Doña Isabel que hiciese voto de gastar todas las riquezas que por su descubrimiento para los reyes resultasen, en ganar la tierra y santa casa de Jerusalén, y así la reina lo hizo, como abajo se tocará.

Fue varón de grande ánimo, esforzado, de altos pensamientos, inclinado naturalmente, a lo que se puede colegir de su vida y hechos y escrituras y conversación, a acometer hechos y obras egregias y señaladas; paciente y muy sufrido (como abajo más parecerá), perdonador de las injurias, y que no quería otra cosa, según dél se cuenta, sino que conociesen los que le ofendían sus errores, y se le reconciliasen los delincuentes; constantísimo y adornado de longanimidad en los trabajos y adversidades que le ocurrieron siempre, las cuales fueron increíbles e infinitas, teniendo siempre gran confianza de la Providencia divina, y verdaderamente, a lo que dél yo entendí, y de mi mismo padre, que con él fue cuando tornó con gente a poblar esta isla Española el año 93, y de otras personas que le acompañaron y otras que le sirvieron, entrañable fidelidad y devoción tuvo y guardó siempre a los reyes.

El pequeño Cristóbal va a la escuela
Siendo, pues, niño lo pusieron sus padres a que aprendiese a leer y a escribir, y salió con el arte de escribir formando tan buena y legible letra (la cual yo vi muchas veces), que pudiera con ella ganar de comer.

De aquí le sucedió darse justamente al aritmética y también a dibujar y pintar, que lo mismo alcanzara si quisiera vivir por ello. ¡Estudió en Pavía los primeros rudimentos de las letras, mayormente la gramática, y quedó bien experto en la lengua latina, y desto lo loa la dicha Historia portuguesa, diciendo que era elocuente y buen latino; y esto ¡cuánto le pudo servir para entender las historias humanas y divinas! Estos fueron los principios en que ocupó su niñez y con que comenzó las otras artes que en su adolescencia y juventud trabajó de adquirir. Y porque Dios le dotó de alto juicio, de gran memoria y de vehemente afición, tratando muchas veces con hombres doctos, y con su infatigable trabajo estudioso, y principalmente, a lo que yo cierto puedo y debo conjeturar y aun creer, por la gracia singular que le concedió para el ministerio que le cometía, consiguió la medula y substancia necesaria de las otras ciencias, conviene a saber, la geometría, geografía, cosmografía, astrología o astronomía y marinería.

Pero principalmente fue un marino tan viajado que dice haber llegado hasta Islandia (Ultra Tule) y a Guinea, en África
De todas estas cosas ya dichas parece la gran pericia, práctica y experiencia, estudio y solicitud que tuvo Cristóbal Colón de las cosas de la mar, y los fundamentos y principios y teórica que se requería para ser doctísimo en las alturas y en todo lo que concierne al arte de navegar, de los cuales, quien carece, muchas veces en las navegaciones podrá errar y errará, como vemos cuántos yerros hacen y daños que causan los pilotos en la navegación destas Indias, porque casi no aciertan sino acaso; y así creemos que Cristóbal Colón en el arte de navegar excedió sin alguna duda a todos cuantos en su tiempo en el mundo había, porque Dios le concedió cumplidamente más que a otro estos dones, pues más que a otro del mundo eligió para la obra más soberana que la divina Providencia en el mundo entonces tenía.

Bien parece por lo dicho cuán ocupado siempre anduvo Cristóbal Colón antes que tratase deste descubrimiento, y aun más abajo mejor parecerá, y cómo hubo bien menester todo aquel tiempo que vivió para ello. De donde asaz bien se sigue no haber bien dicho Agustín Justiniano, el cual, en una colección que hizo del Psalterio en cuatro lenguas, sobre aquel verso: *In omnem terram exivit sonus eorum*, etc., y después en su Crónica, dice que Cristóbal Colón tuvo oficio mecánico, lo cual parece difícil y casi imposible haber sido, si no fuese como acaece a muchos buenos e hijos de buenos huirse de sus padres cuando muchachos y asentar en otras tierras por algún día, hasta que son hallados con algún oficial. Pero aun para esto parece no haber tenido tiempo, cuanto más, que aun el mismo Agustín Justiniano se contradice en la dicha colección del Psalterio, diciendo estas palabras: «Este Cristóbal Colombo habiendo en sus tiernos años aprendido los principios de doctrina, cuando ya fue mancebo se dio al arte de la mar y pasó a Lisboa, en Portugal, donde aprendió las cosas de cosmografía, etc.». Por las cuales palabras y por otras que allí añade, parece que aun el mismo Justiniano lo ocupa de tal manera que no le deja tiempo alguno para en qué se pudiese ocupar en arte alguna mecánica; cuanto más, que como abajo quizá se tocará, el dicho Justiniano dice otras y no pocas cosas, por las cuales parece haber escrito como escritor que a tiento escribe o mal informado, muy contrarias de la verdad. Y porque la señoría de Génova tiene comprobada la verdad cuanto ha sido posible, y halló que el Justiniano había excedido en su historia, así por decir cosas que no son verdad, como en alguna manera abatiendo el oficio y, por consiguiente, perjudicando a una persona tan digna y a quien tanto debe toda la cristiandad, por público decreto (según tengo entendido) ha prohibido que ninguno sea osado de tener ni leer la dicha Crónica de Justiniano, mandando recoger todos los libros y traslados que della hubiere, porque a manos de nadie pueda llegar.

Lo que aprendió en el arte de la marinería y de la guerra de su tocayo Columbo Junior. De cómo se casó, vivió en el reino de Portugal y tuvo un hijo

Como fuese, según es dicho, Cristóbal Colón, tan dedicado a las cosas y ejercicio de la mar, y en aquel tiempo anduviese por ella un famoso varón, el mayor de los corsarios que en aquellos tiempos había, de su nombre y linaje, que se llamaba Columbo Junior, a diferencia de otro que había sido nombrado y señalado antes, y aqueste Junior trajese gran armada por la mar contra infieles y venecianos y otros enemigos de su nación, Cristóbal Colón determinó ir y andar con él, en cuya compañía estuvo y anduvo mucho tiempo.. Este Columbo Junior, teniendo nuevas que cuatro galeazas de venecianos eran pasadas a Flandes, esperólas a la vuelta entre Lisboa y el Cabo de san Vicente para asirse con ellas a las manos. Ellos juntados, el Columbo Junior a acometerlos y las galeazas defendiéndose y ofendiendo a su ofensor, fue tan terrible la pelea entre ellos, asidos unos con otros con sus garfios y cadenas de hierro, con fuego y con las otras armas, según la infernal costumbre de las guerras navales, que desde la mañana hasta la tarde fueron tantos los muertos, quemados y heridos de ambas partes, que apenas quedaba quien de todos ellos pudiese ambas armadas, del lugar donde se toparon, una legua mudar.

Acaeció que la nao donde Cristóbal Colón iba o llevaba quizá a cargo, y la galeaza con que estaba aferrada se encendiesen con fuego espantable ambas, sin poderse la una de la otra desviar; los que en ellas quedaban aún vivos ningún remedio tuvieron sino arrojarse a la mar; los que nadar sabían, pudieron vivir sobre el agua algo; los que no, escogieron antes padecer la muerte del agua que la del fuego, como más aflictiva y menos sufrible para la esperar. El Cristóbal Colón era muy gran nadador y pudo haber un remo que a ratos le sostenía mientras descansaba, y así anduvo hasta llegar a tierra, que estaría poco más de dos leguas de donde y adonde habían ido a parar las naos con su ciega y desatinada batalla. Desta pelea naválica y del dicho Columbo Junior hace mención el Sabélico en su Corónica, libro VIII de la 10.ª década, hoja 168, donde trata que en el tiempo de la elección de Maximiliano, hijo de Federico emperador, por rey de Romanos, fue enviado por embajador de la Señoría de Venecia Jerónimo Donato a Portugal, para que en nombre de la Señoría hiciese gracias al rey porque a los galeotes y remadores de las susodichas cuatro galeazas desbaratadas los había vestido y dado ayuda de costa para que se volviesen a sus tierras, etc. Así que llegado Cristóbal Colón a tierra, a algún lugar cercano de allí, y cobrando algunas fuerzas del tullimiento de las piernas de la mucha humedad del agua y de los trabajos que había pasado, y curado también por ventura de algunas heridas que en la batalla había recibido, fuese a Lisboa, que no estaba lejos, donde sabía que había de hallar personas de su nación; y así fue, que siendo conocido por la nación genovesa y también quizá su linaje y sus padres, mayormente viendo su autorizada persona, le ayudaron a que pusiese casa, y hecha con él compañía, comenzó a acreditarse y restaurarse.

Pasando algunos días, como él fuese de buena disposición y no menos tuviese gentil presencia, y con esto no le faltase la costumbre de buen cristiano, iba por la mayor parte a oír los divinos oficios a un monasterio que se decía de santos, donde había ciertas comendadoras (de qué Orden fuese no pude haber noticia), donde acaeció tener plática y conversación con una comendadora dellas, que se llamaba doña Felipa Moñiz, a quien no faltaba nobleza de linaje, la cual hubo finalmente con él de casarse. Esta era hija de un hidalgo que se llamaba Bartolomé Moñiz Perestrello, caballero criado del infante don Juan de Portugal, hijo del rey don Juan I de Portugal (como parece en la primera década, lib. 1, cap. 2, en la Historia de Asia, que escribió Juan de Barros en lengua portuguesa), y porque era ya muerto, pasóse a la casa de su suegra.

Andando días y viniendo días, conoció la suegra ser Cristóbal Colón inclinado a cosas de la mar y de cosmografía, porque a lo que los hombres se inclinan, noches y días querrían dello tratar, y vehementes deben ser los cuidados y urgentes las ocupaciones que del ejercicio y obra o habla de aquello los puedan del todo estorbar; así que, entendido por la suegra su inclinación, contóle cómo su marido Perestrello había sido también persona que tuvo inclinación a las cosas de la mar, y que había ido por mandado del infante don Enrique de Portugal, en compañía de otros dos caballeros, a poblar la isla del Puerto santo, que pocos días había que era descubierta, y al cabo a él solo cupo la total población della, y en ella le hizo Mercedes dicho infante. Y como entonces andaba muy hirviendo la práctica y ejercicio de los descubrimientos de la costa de Guinea y de las islas que había por el mar Océano, y esperaba el dicho Bartolomé Perestrello desde aquélla descubrir otras, como se descubrieron, según abajo en los cap. 17 y los siguientes se dirá, debía tener instrumentos y escrituras y pinturas convenientes a la navegación, las cuales dio la suegra al dicho Cristóbal Colón, con la vista y leyenda de las cuales mucho se alegró. Con éstas se cree haber sido inducida y avivada su natural inclinación a mayor frecuencia del estudio y ejercicio y leyenda de la cosmografía y astrología, y a inquirir también la práctica y experiencia de las navegaciones y caminos que por la mar hacían los portugueses la Mina del Oro y costa de Guinea, donde los portugueses, como está tocado, empleaban su tiempo y sus ocupaciones.

Y como cada día más y con mayor vehemencia de imaginación pensase, y, tomando su parte el entendimiento, considerase muchas cosas de las tierras descubiertas y las que podían descubrir, traídas a la memoria las partes del mundo y lo que decían los antiguos habitable y lo que no se podía, según ellos, morar, acordó de ver por experiencia lo que entonces del mundo por la parte de Etiopía se andaba y practicaba por la mar, y así navegó algunas veces aquel camino en compañía de los portugueses, como persona ya vecino y casi natural de Portugal, y porque algún tiempo vivió en la dicha isla del Puerto santo, donde dejó alguna hacienda y heredades su suegro Perestrello, según que me quiero acordar que me dijo su hijo don Diego Colón, primer sucesor que tuvo y segundo almirante, el año de 1519 en la ciudad de Barcelona, estando allí el rey de España don Carlos, cuando la primera vez vino de Flandes a reinar y donde le vino el decreto de su imperial elección.

Así que fuese a vivir Cristóbal Colón a la dicha isla de Puerto santo, donde engendró el dicho su primogénito heredero don Diego Colón, por ventura, por sola esta causa de querer navegar, dejar allí su mujer, y porque allí en aquella isla y en la de la Madera, que está junto, y que también se había descubierto entonces, comenzaba a haber gran concurso de navíos sobre su población y vecindad y frecuentes nuevas se tenían cada día de los descubrimientos que de nuevo se hacían. Y éste parece haber sido el modo y ocasión de la venida de Cristóbal Colón a España y el primer principio que tuvo el descubrimiento deste gran orbe.

Andando por tantas aguas y convencido de la redondez del planeta estudia a los antiguos y se convence de que es posible ir de Occidente al Oriente

Es, pues, la primera razón natural, y no cualquiera, sino muy eficaz, corroborada con algunas filosóficas autoridades, y es ésta: como toda él agua y la tierra del mundo constituyen una esfera y, por consiguiente, sea redondo, consideró Cristóbal Colón ser posible rodearse de Oriente a Occidente andando por ella los hombres hasta estar pies con pies los unos con los otros, en cualquiera parte que en apósito se hallasen.

La segunda razón es, porque sabía, dello por experiencia de lo que había andado por la mar, dello por lo que había oído a muchos navegantes, dello por lo que leído había, que mucha y muy gran parte desta esfera había sido ya calado, paseado y por muchos navegado, y que no quedaba por ser toda descubierta, sino aquel espacio que había desde el fin oriental de la India, de que Ptolomeo y Marino tuvieron noticia, hasta que prosiguiendo la vía del Oriente tornasen por nuestro Occidente a las islas de Cabo Verde y de los Azores, que era la más occidental tierra que entonces descubierta estaba.

La tercera, entendía que aquel dicho espacio que había entre el fin oriental, sabido por Marino, y las dichas islas de Cabo Verde, no podía ser más de la tercera parte del círculo mayor de la esfera, pues que ya el dicho Marino había escrito por el Oriente quince horas o partes, de veinte cuatro que hay en la redondez del mundo, y hasta llegar a las dichas islas de Cabo Verde no faltaba casi ocho, porque aun el dicho Marino no comenzó su descripción tan al Poniente.

La cuarta razón, porque hizo cuenta que si habiendo Marino escrito en su *Cosmografía* quince horas o partes del esfera hacia el Oriente, no había aún llegado al fin de la tierra oriental, que no era cosa razonable sino que el tal fin estuviese mucho más adelante, y por consiguiente, cuanto más él se extendiese hacia el Oriente, tanto vendría a estar más cercano a las dichas islas de Cabo Verde por nuestro Occidente, y que si aquel espacio fuese mar, sería fácil cosa navegarlo en pocos días, y si fuese tierra, que más presto sería por el mismo Occidente descubierta, porque vendría a estar más cercano a las islas dichas. A esta razón ayuda lo que dice Strabo en el lib. XV de su *Cosmografía*, diciendo que nadie llegó con ejército al fin oriental de la India, y que Estesias escribe que es tan grande como toda la otra parte de Asia, y que Onesicrito dice que es la tercera parte del esfera, y que Nearca dice que tiene cuatro meses de camino por campo llano, y Plinio dice, en el cap. 17 del lib. VI, que la India es la tercia parte de la Tierra. Por manera que infería Cristóbal Colón que la tal grandeza causaría que estuviese más cercana a nuestra España por el Occidente.

La quinta consideración que hacía y que daba más autoridad a que aquel espacio fuese pequeño, era la opinión de Alfragano y sus secuaces, que ponen la redondez de la esfera muy menor que todos los otros autores y cosmógrafos, no atribuyendo a cada grado de la esfera más de 56 millas y dos tercios. De la cual opinión infería Cristóbal Colón, que siendo pequeña toda la esfera, de fuerza había de ser pequeño aquel espacio de la tercia parte que Marino dejaba por ignota, y por tanto sería en menos tiempo navegada; de donde así mismo infería, que pues aún no era sabido el fin oriental de la India, que este tal fin sería el que estaba cerca de nosotros por el Occidente, y que por esta causa se podían llamar Indias las tierras que descubriese. De donde consta y se infiere que maestre Rodrigo de Santaella, que fue arcediano de reina en la iglesia mayor de Sevilla, reprendió, no acertadamente, al Cristóbal Colón, en la traducción que convirtió de latín en romance del libro de Marco Polo, diciendo que no las debía llamar Indias, ni lo eran: porque Cristóbal Colón no las llamó Indias porque hubiesen sido por otro vistas ni descubiertas, sino porque eran la parte oriental de la India ultra Gangem, la cual, siguiendo siempre al Oriente, venía ser a nosotros occidental, como sea el mundo redondo, como está dicho. A la cual India nunca algún cosmógrafo señaló término con otra tierra ni provincia por el Oriente salvo con el Océano. Y por ser estas tierras lo oriental ignoto de la India y no tener nombre particular, atribuyóle aquel nombre que tenía la más propincua tierra, llamándolas Indias occidentales, mayormente que como él supiese que a todos era manifiesta la riqueza y grande fama de la India, quería provocar con aquel nombre a los reyes Católicos, que estaban dudosos de su empresa, diciéndoles que iba a buscar y hallar las Indias por la vía del Occidente, y esto le movió a desear el partido de los reyes de Castilla más que de otro rey cristiano.

Todo lo en este capítulo contenido es a la letra, con algunas palabras añadidas mías, de don Hernando Colón, hijo del mismo egregio varón don Cristóbal Colón, primer almirante, como se dirá, de las Indias.

Pero como en esa época se desconocía el verdadero tamaño del mundo, para saber más, Colón se lee a los grandes autores del pasado

Por las razones arriba dichas, parece que Cristóbal Colón pudo razonablemente moverse a creer que podía descubrir las Indias por la parte del Occidente, como parece en el capítulo próximo pasado, allende las cuales pudo muy bien animarse a lo mismo por las opiniones de muchos y notables antiguos filósofos que hubo de tres partidas del mundo ser habitables, conviene a saber: la que llamaban los antiguos tórrida zona, y la cuarta de la tierra que va de la equinoccial hacia el polo austral, y el hemisferio inferior o que está debajo de nosotros; y como destas partidas de la tierra no hubiese clara noticia y viese probables opiniones que eran habitables y las razones que para serlo los dichos filósofos daban cuadrasen al Cristóbal Colón y a cualquiera hombre discreto, racionabilísimamente pudo tener por cierto su descubrimiento.

El viejo filosofo griego Platón hablaba del país de la Atlántida, en medio del océano, y a Colón le dan ganas de conocerlo

Tornando al propósito, como el Cristóbal Colón pudiese haber leído por el Platón que de la dicha isla Atlántica parecía puerta y camino para otras islas comarcanas y para tierra firme, y que desde el mar Bermejo o Pérsico hubiesen salido navíos a descubrir hacia el Occidente, y los cartagineses por esta otra parte pasado el estrecho, y el rey Darío hacia el Oriente y la India, y todos hubiesen hallado el Océano desembarazado y navegable y no hallasen fin a la tierra, razonablemente pudo Cristóbal Colón creer y esperar que aunque aquella grande isla fuese perdida y hundida, quedarían otras, o al menos la tierra firme, y que buscando las podría hallar.

Así como leyó al griego Aristóteles, al alejandrino Ptolomeo, a los europeos Alberto Magno y Eneas Silvio Piccolomini, se dedica también a estudiar a los modernos

Traídas autoridades de los antiguos filósofos y cosmógrafos e historiadores, que por su autoridad y razones que traían, Cristóbal Colón les pudo dar crédito, con justa razón, para ofrecerse a tomar cargo de aquesta su nueva y arduísima empresa, o a proseguir la vieja que otros en querer descubrir antiguamente tuvieron, resta por traer las autoridades de modernos autores, y que últimamente le perfeccionaron su propósito, y se determinó como si ya hubiera venido y visto estas tierras con tal certidumbre a venir a buscarlas.

Para saber más se cartea con el sabio florentino Marco Paulo Toscanelli quien le mete en la cabeza que para ir al extremo de Oriente, primero había que llegar a las tierras del gran can (China): ambos ignoraban que en medio del camino estaba América. El sabio responde a su carta

El segundo testimonio que Dios quiso deparar a Cristóbal Colón, para más aprisa esforzarle y aficionarle a su negocio, fue que un maestre Paulo, físico florentín, siendo muy amigo de un canónigo de Lisboa, que se llamaba Hernán Martínez, y carteándose ambos en cosas de la mar y de cosmografía, mayormente sobre la navegación que a la sazón, en tiempo del rey don Alonso de Portugal, para Guinea se hacía, y la que más o por mejor vía se deseaba hacer a las regiones marinas o terrenas occidentales, vino a noticia del Cristóbal Colón algo de sus cartas y materia de que trataban. El cual, como estaba muy encendido con sus pensamientos en aquella especulación y andaba por ponerla en práctica, acordó de escribir al dicho Marco Paulo, físico, y envióle una esfera, tomando por medio a un Lorenzo Birardo, asimismo florentino, que a la sazón o vivía o residía en Lisboa, descubriendo al dicho maestre Paulo por su carta la intención que tenía y deseaba poder cumplir.

«A Cristóbal Columbo, Paulo, físico, salud: Yo recibí tus cartas con las cosas que me enviaste, y con ellas recibí gran merced. Yo veo el tu deseo magnífico y grande a navegar en las partes de Levante por las partes de Poniente, como por la carta que yo te envié se muestra, la cual se mostrará mejor en forma de esfera redonda. Pláceme mucho sea bien entendida, y que es el dicho viaje no solamente posible, mas que es verdadero y cierto y de honra y ganancia inestimable y de grandísima fama entre todos los cristianos. Mas vos no lo podréis bien conocer perfectamente, salvo con la experiencia o con la plática, como yo la he tenido copiosísima, y buena y verdadera información de hombres magníficos y de grande saber, que son venidos de las dichas partidas aquí en corte de Roma, y de otros mercaderes que han tratado mucho tiempo en aquellas partes, hombres de mucha autoridad. Así que cuando se hará el dicho viaje será a reinos poderosos y ciudades y provincias nobilísimas, riquisísimas de todas maneras de cosas en grande abundancia y a nosotros mucho necesarias; así como de todas maneras de especiería en grande suma y de joyas en grandísima abundancia. También se irá a los dichos reyes y príncipes, que están muy generosos, más que nos, de haber trato y lengua con cristianos destas nuestras partes, porque grande parte dellos son cristianos, y también por haber lengua y trato con los hombres sabios y de ingenio de acá, así en la religión como en todas las otras ciencias, por la gran fama de los imperios y regimientos que han destas nuestras partes; por las cuales cosas todas y otras muchas que se podrían decir, no me maravillo que tú, que eres de grande corazón, y toda la nación de portugueses, que han sido siempre hombres generosos en todas grandes empresas, te vea con el corazón encendido y gran deseo de poner en obra el dicho viaje».

Esto es lo que contenía la carta de Marco Paulo, físico, en la cual erraba algo diciendo o dando a entender en ella que la primera tierra que se había de topar había de ser la tierra del Gran Can; lo cual creyó ser así Cristóbal Colón (y por esto pidió a los reyes que le diesen sus cartas reales para el Gran Can, puesto que Paulo, físico, se engañó creyendo que la primera tierra que había de hallar había de ser los reinos del Gran Can) como abajo parecerá; la carta de marear que le envió, yo, que esta historia escribo, tengo en mi poder y della se hará más mención abajo. Mucho ánimo le puso con ella, y, si no supiera más, por ella y por las cosas de suso traídas, sin duda del todo se moviera; y así creo que todo su viaje sobre esta carta fundó, pero aún más se lo quiso nuestro Señor declarar, como se verá.

Además de frecuentar a los sabios, Colón habla con experimentados marinos que dicen haber estado en la otra parte, en el mundo desconocido

Dice, pues, Cristóbal Colón, entre otras cosas que puso en sus libros por escrito, que hablando con hombres de la mar, personas diversas que navegaban los mares de Occidente, mayormente a las islas de los Azores y de la Madera, entre otras, le dijo un piloto del rey de Portugal, que se llamaba Martín Vicente que hallándose una vez 450 leguas al Poniente del Cabo de san Vicente, vio y cogió en el navío, en la mar, un pedazo de madero labrado por artificio, y, a lo que juzgaba, no con hierro; de lo cual y por haber muchos días ventado vientos ponientes, imaginaba que aquel palo venía de alguna isla o islas que hacia el Poniente hubiese. También otro que se nombró Pero Correa, concuño del mismo Cristóbal Colón, casado con la hermana de su mujer, le certificó que en la isla de Puerto santo había visto otro madero venido con los mismos vientos y labrado de la misma forma, que también había visto cañas muy gruesas, que en un cañuto dellas pudieran caber tres azumbres de agua o de vino; y esto mismo dice Cristóbal Colón que oyó afirmar al rey de Portugal, hablando con él en estas materias, y que el rey se los mandó mostrar. El cual tuvo por cierto (digo Cristóbal Colón) ser las dichas cañas de algunas islas o isla que no estaba muy lejos, o traídas de la India con el ímpetu del viento y de la mar, pues en todas nuestras partes de Europa no las había, o no se sabía que las hubiese semejantes. Ayúdabale a esta creencia que Ptolomeo, en el lib. I, cap. 27 de su Cosmografía, dice que en la India se hallaban de aquellas cañas. Item, por algunos de los vecinos de las islas de los Azores era certificado Cristóbal Colón, que ventando vientos recios ponientes y noruestes, traía la mar algunos pinos y los echaba en aquellas islas en la costa, en especial en la isla Graciosa y en la del Fayal, no habiendo por parte alguna de aquellas islas donde se hallase pino. Otros le dijeron que en la isla de las Flores, que es una de los Azores, había echado la mar dos cuerpos de hombres muertos, que parecían tener las caras muy anchas y de otro gesto que tienen los cristianos; otra vez, dizque en el Cabo de Verga, que es[1] y por aquella comarca, se vieron almadías o canoas con casa movediza, las cuales por ventura, pasando de una isla a

---
1 En blanco en el manuscrito original.

otra o de un lugar a otro, la fuerza de los vientos y la mar las echó donde, no pudiendo tornar los que las traían, perecieron, y ellas, como nunca jamás se hunden, vinieron a parar por tiempo a los Azores.

Donde se cuentan otras singulares historias de marinos portugueses

Algunos salieron de Portugal a buscar esta misma, que, por común vocablo, la llamaban Antilla, entre los cuales salió uno que se decía Diego de Tiene, cuyo piloto, que se llamó Pedro de Velasco, vecino de Palos, afirmó al mismo Cristóbal Colón, en el monasterio de santa María de la Rábida, que habían partido de la isla del Fayal, y anduvieron 150 leguas por el viento lebechio, que es el viento Noroeste, y a la vuelta descubrieron la isla de las Flores, guiándose por muchas aves que veían volar hacia allá, porque conocieron que eran aves de tierra y no de la mar, y así juzgaron que debían de ir a dormir a alguna tierra. Después diz que fueron por el Nordeste tanto camino, que se les quedaba el Cabo de Clara, que es en Ibernia, hacia el Leste, donde hallaron ventar muy recio los vientos ponientes y la mar era muy llana, por lo cual creían que debía ser por causa de tierra que por allí debía de haber, que los abrigaba de la parte del Occidente; lo cual no prosiguieron yendo para descubrirla, porque era ya por agosto y temieron el invierno. Esto diz que fue cuarenta años antes que el Cristóbal Colón descubriese nuestras Indias. Concuerda con esto lo que un marinero tuerto dijo al dicho Cristóbal Colón, estando en el Puerto de santa María, que, en un viaje que había hecho a Irlanda, vio aquella tierra que los otros haber por allí creían e imaginaban que era Tartaria, que daba vuelta por el Occidente; la cual creo yo cierto que era la que ahora llamamos la de los Bacallaos, a la cual no pudieron llegar por los terribles vientos. Item, un marinero que se llamó Pedro de Velasco, gallego, dijo al Cristóbal Colón en Murcia, que, yendo aquel viaje de Irlanda, fueron navegando y metiéndose tanto al Norueste, que vieron tierra hacia el Poniente de Ibernia, y ésta creyeron los que allí iban que debía de ser la que quiso descubrir un Hernán de Olmos, como luego se dirá.

Un piloto portugués, llamado Vicente Díaz, vecino de Tavira, viniendo de Guinea para la isla Tercera, de los Azores, habiendo pasado el paraje de la isla de la Madera y dejando al Levante, vio o le pareció ver una isla que tuvo por muy cierto que era verdadera tierra; el cual, llegando a la dicha isla Tercera, descubrió el secreto a un mercader muy rico, genovés, amigo suyo, que tenía por nombre Lucas de Cazana, al cual persuadió mucho que arma-

45

se para el descubrimiento della, tanto que lo hubo de hacer; el cual, después de habida licencia del rey de Portugal para lo hacer, envió recaudo para que un su hermano Francisco de Cazana, que residía en Sevilla, proveyese de armar una nao con presteza y la entregase al dicho piloto Vicente Díaz, pero el dicho Francisco de Cazana burló de la empresa y no quiso hacerlo; tornó el piloto a la Tercera y armó luego el dicho Lucas de Cazana, y salió el piloto tres o cuatro veces a buscar la dicha tierra hasta ciento y tantas leguas, y nunca pudo hallar nada, por manera que el piloto y su armador perdieron esperanza de jamás hallarla. Y todo esto dice Cristóbal Colón en sus libros de memorias que le dijo el mismo hermano Francisco de Cazana, y añadió más, que había visto dos hijos del capitán que descubrió la dicha isla Tercera, que se llamaban Miguel y Gaspar Corte-Real, ir en diversos tiempos a buscar aquella tierra, y que se perdieron en la demanda el uno en pos del otro, sin que se supiese cosa dellos.

Para completar, cuando los españoles llegaron a América, algunos indios les dijeron que, antes de ellos, ya los habían visitado otros barbudos

Díjose que una carabela o navío que había salido de un puerto de España (no me acuerdo haber oído señalar el que fuese, aunque creo que del reino de Portugal se decía), y que iba cargada de mercaderías para Flandes o Inglaterra, o para los tratos que por aquellos tiempos se tenían, la cual, corriendo terrible tormenta y arrebatada de la violencia e ímpetu della, vino dizque a parar a estas islas y que aquella fue la primera que las descubrió. Que esto acaeciese así, algunos argumentos para mostrarlo hay: el uno es, que a los que de aquellos tiempos somos venidos a los principios, era común, como dije, tratarlo y platicado como por cosa cierta, lo cual creo que se derivaría de alguno o de algunos que lo supiesen o por ventura quien de la boca del mismo almirante o en todo o en parte por alguna palabra se lo oyese. El segundo es, que en otras cosas antiguas, de que tuvimos relación los que fuimos al primer descubrimiento de la tierra y población de la isla de Cuba (como cuando della, si Dios quisiese, hablaremos, se dirá) fue una ésta, que los indios vecinos de aquella isla tenían reciente memoria de haber llegado a esta isla Española, otros hombres blancos y barbados como nosotros, antes que nosotros no muchos años: esto pudieron saber los indios vecinos de Cuba, porque como no diste más de 18 leguas la una de la otra, de punta a punta, cada día se comunicaban con sus barquillos o canoas, mayormente que Cuba sabemos sin duda, que se pobló y poblaba desta Española.

Para realizar su sueño Colón necesita apoyo oficial y se va a Portugal a cuyo rey ofrece sus servicios

Fue, pues, así, que concebida en su corazón certísima confianza de hallar lo que pretendía, como si este orbe tuviera metido en su arca, por las razones y autoridades y por los ejemplos y experiencias suyas y de otros y ocasiones que Dios le ofreció (y no fue chica saber que en sus días se habían descubierto las islas de Cabo Verde y de los Azores, y tan gran parte de África y Etiopía, y que él había sido en algunos viajes dellos), supuesta la esperanza del ayuda y divino favor, que siempre tuvo, y enderezada su intención a que todo lo que hiciese y descubriese resultase a gloria y honra de Dios, y a ensalzamiento de su santa fe católica, con determinado ánimo de ponerse a cuantos peligros y trabajos se le pudiesen ofrecer (los cuales fueron tantos y tan continuos y tales, que ni se podrán encarecer, ni del todo ser creídos), por descerrajar las cerraduras que el Océano, desde el diluvio hasta entonces, clavadas tenía, y por su persona descubrir otro mundo, que tan encubierto en sí el mundo escondía, y por consiguiente abrir amplísimas puertas para entrar y dilatarse la divina doctrina y Evangelio de Cristo; finalmente, deliberó de buscar un príncipe cristiano que le armase los navíos que sintió haber menester, y proveyese de las cosas necesarias para tal viaje, considerando que tal empresa como aquélla, ni comenzarla ni proseguirla, y menos conservarla, por su poca facultad, él no podía sin que persona real y poderosa para ella le diese la mano y pusiese en camino. Pues como por razón del domicilio y vecindad que en el reino de Portugal había contraído (ya fuese súbdito del rey de allí, lo uno lo otro, porque el rey don Juan de Portugal vacaba y actualmente del todo se ocupaba en los descubrimientos de la costa de Guinea y tenía ansia de descubrir la India lo tercero, por hallar el remedio de su aviamiento cerca), propuso su negocio ante el rey de Portugal, y lo que se ofrecía a hacer es lo siguiente: Que por la vía del Poniente, hacia el Austro o Mediodía, descubriría grandes tierras, islas y tierra firme, felicísimas, riquísimas de oro y plata y perlas y piedras preciosas y gentes infinitas; y que por aquel camino entendía topar con tierra de la India, y con la gran isla de Cipango y los reinos del Gran Can, que quiere decir en nuestro romance rey de los reyes grande.

Pero a cambio de su esfuerzo, Colón impone muchas condiciones económicas

Las mercedes que pidió para en remuneración de sus peligros, trabajos y servicios, estas son que aquí ponemos, en la petición de los cuales mostró Cristóbal Colón su gran prudencia y ser de ánimo generoso, y no menos la casi certidumbre que llevaba de hallar lo que prometía. Primeramente, que lo honrasen armándolo caballero de espuelas doradas, y que se pudiese llamar don Cristóbal Colón, él y sus su cesares. Lo segundo, que le diesen título de almirante mayor del mar Océano, con todas las preeminencias o prerrogativas, privilegios, derechos, rentas e inmunidades que tenían los almirantes de Castilla. Lo tercero, que fuese su visorrey y gobernador perpetuo de todas las islas y tierras firmes que él descubriese por su persona, y por su industria fuesen descubiertas. Lo cuarto, que le diesen la décima parte de las rentas que el rey hubiese de todas las cosas que fuesen oro, plata, perlas, piedras preciosas, metales, especiería y de otras cualesquiera cosas provechosas, y mercaderías de cualquiera especie, nombre y manera que fuesen, que se comprasen, trocasen, hallasen, ganasen, dentro de los límites de su Almirantazgo. Lo quinto, que en todos los navíos que se armasen para el dicho trato y negociación, cada y cuando y cúantas veces se armaren, que pudiese Cristóbal Colón, si quisiese, contribuir y pagar la ochava parte, y que del provecho que dello saliese llevase también la ochava parte y otras cosas que abajo parecerán.

El rey lo oye, en secreto manda unas naves por la misma ruta que Colón le indica fracasa Colón se va de Portugal porque, además, su soberano está muy ocupado en luchar contra los árabes y conseguir mejores rutas hacia la India

Lo que creemos que él de industria calló, si lo supo, es esto: que como el rey de Portugal oyó al dicho Cristóbal en sus razones las derrotas y rumbos y caminos que pensaba llevar, hablando dello como de cosa de que ninguna duda tenía, el rey, con cautela, inquiriendo y sacando de Cristóbal Colón cada día más y más, determinó, con parecer del doctor Calzadilla o de todos a los que había cometido tratar desta materia, de mandar aparejar muy secretamente una carabela, proveída de gente portuguesa y bastimentas, con lo demás, y enviarla por el mar Océano, por los rumbos y caminos de que había sido informado que Cristóbal Colón entendía llevar, para que tentase a descubrir si pudiesen hallar algo, y así gozar de los avisos de Cristóbal Colón, sin que bien alguno para otro saliese de sus reales manos. Con este su propósito despachó su carabela, echando fama que la enviaba con provisiones y socorros a los portugueses que poblaban las islas de Cabo Verde u otras, porque todas entonces se comenzaban a poblar, como ha parecido, y había por aquel tiempo hartas navegaciones a Guinea y a los Azores y a la de la Madera y Puerto santo, para que no faltase fingida color, cumpliendo mañosa y disimuladamente, dilatando la respuesta y resolución de día en día, con Cristóbal Colón.

Pero como por mucho que la prudencia humana quiera rodear y mañerar no pueda mudar el consejo y voluntad divina, ni estorbar que no consiga sus efectos la sempiterna disposición, en cuya mano están los reinos, para los distribuir a quien le place que los haya de administrar, y tenía elegidos para este ministerio los reyes de Castilla y León, ordenó que después de haber andado muchos días y muchas leguas por la mar, sin hallar nada, padeciesen tan terrible tormenta y tantos peligros y trabajos, que se hubieron de volver destrozados, desabridos y mal contentos, maldiciendo y escarneciendo de tal viaje, afirmando que no era posible haber tierra por aquella mar más que la había en el cielo. Vuelta la carabela a Lisboa, viéndola venir maltratada, rompidas las velas y por ventura los mástiles quebrados, fruta muy común que reparte, cuando se altera y muestra su furia, el Océano, los hombres también salir afligidos y fatigados, comienzan luego los de tierra a preguntar a los de la mar de dónde venían; dello al principio, como entre dientes, como venían desganados; dello poco a poco a la clara; finalmente, se hubo de descubrir y venir a noticia de Cristóbal Colón la cautela y dobladura que con él traía el rey de Portugal; por manera que se hubo de desengañar y juntamente determinarse dejar aquella corte y venirse a Castilla y probar si le iba mejor que en Portugal. Y porque convenía estar desocupado del cuidado y obligación de la mujer, para negocio en que Dios le había de ocupar toda la vida, plúgole de se la llevar, dejándole un hijo chiquito, que había por nombre Diego Colón, que fue el primero que después en el estado de almirante le sucedió.

Mientras Colón viaja a España en busca de apoyo para su plan, envía a su hermano Bartolomé a la corte inglesa con el mismo propósito

Considerando que, si los reyes de Castilla no aceptasen su negociación, no le fuese necesario gastar mucha parte de su vida en buscar señores que le diesen el favor y ayuda que había menester, juntamente con pasarse a Castilla, determinó que fuese el rey de Inglaterra, con la misma demanda y le propusiese la misma empresa un hermano suyo, que se llamaba Bartolomé Colón. Este era hombre muy prudente y muy esforzado y más recatado y astuto, a lo que parecía, y de menos simplicidad que Cristóbal Colón; latino y muy entendido en todas las cosas de hombres, señaladamente sabio y experimentado en las cosas de la mar, y creo que no mucho menos docto en cosmografía y lo a ella tocante, y en hacer o pintar cartas de navegar y esferas y otros instrumentos de aquella arte, que su hermano, y presumo que en algunas cosas déstas le excedía, puesto que por ventura las hubiese dél aprendido. Era más alto que mediano de cuerpo, tenía autorizada y honrada persona, aunque no tanto como el almirante.

Este se partió para Inglaterra, y en el camino quiso Dios a él también tentarle y ejercitarle, porque no faltase a este tan arduo y nuevo negocio toda manera de contradicción, porque hubo de caer en poder de ladrones corsarios de la mar, de nación esterlines; no sé qué nación fueron. Esto fue causa que enfermase y viniese a mucha pobreza, y estuviese mucho tiempo sin poder llegar a Inglaterra, hasta tanto que quiso Dios sanarle; y reformado algo, por su industria y trabajos de sus manos, haciendo cartas de marear, llegó a Inglaterra, y, pasados un día y otros, hubo de alcanzar que le oyese Enrique, VII deste nombre, al cual informó del negocio a que venía. Y para más aficionarle a la audiencia e inteligencia dél, presentóle un mapamundi que llevaba muy bien hecho, donde iban pintadas las tierras que pensaba con su hermano descubrir, en el cual iban unos versos en latín, que él mismo, según dice, había compuesto, los cuales hallé escritos de muy mala y corrupta letra y sin ortografía, y parte de ellos que no pude leer; y, finalmente, más por ser de aquellos tiempos y de tales personas y de tal materia, que por su elegancia y perfección.

Recibidos, pues, por el rey de Inglaterra los versos y el mapamundi, mostró desde adelante al Bartolomé Colón siempre alegre cara y holgaba mucho de platicaren aquella materia con él, y, finalmente, según se dijo, la empresa de buena voluntad aceptaba y enviaba por el Cristóbal Colón; el cual ya era ido a su descubrimiento y vuelto con el fruto maravilloso de sus trabajos, según abajo más largo, placiendo a Dios, se verá.

Donde comienzan las penas de Colón en España: obtener una audiencia con los reyes, convencer a sus consejeros sobre la viabilidad de su proyecto, demostrar que no era un loco

Tornando al propósito de la historia, salió Cristóbal Colón de Portugal lo más secreto que pudo, temiendo que el rey lo mandara detener, y ninguna duda hubiera que lo detuviera, porque visto que había errado el lance que se le había ofrecido y quisiera con cautela acertar, procuraba tornar a su gracia al dicho Cristóbal Colón, o por sacarle mayores y más ciertos indicios para tornar a enviar por sí y sin él, o porque de verdad quería por mano dél se concluyese y descubriese el negocio. Pero, más prudentemente que el rey al principio, lo hizo él al fin, y así, tomando a su hijo niño, Diego Colón, dio consigo en la villa de Palos, donde quizá tenía conocimiento con algunos de los marineros de allí, y también por ventura, con algunos religiosos de san Francisco, del monasterio que se llama Santa María de la Rábida, que está fuera de la villa, un cuarto o algo más de legua, donde dejó encomendado a su hijo chiquito, Diego Colón. Partióse para la corte, que a la sazón estaba en la ciudad de Córdoba, de donde los reyes Católicos proveían en la guerra de Granada, en que andaban muy ocupados.

Llegado en la corte a 20 de enero, año de 1485, comenzó a entrar en una terrible, continua, penosa y prolija batalla, que por ventura no le fuera áspera ni tan horrible la de materiales armas, cuanto la de informar a tantos que no le entendían, aunque presumían de le entender; responder y sufrir a muchos que no conocían ni hacían mucho caso de su persona, recibiendo algunos baldones de palabras que le afligían el ánima. Y porque el principio de los negocios arduos en las cortes de los reyes es dar noticia larga de lo que se pretende alcanzar a los más privados y allegados a los príncipes, asistentes más continuamente a las personas reales, o en consejo o en favor o privanza, por ende procuró de hablar e informar las personas que por entonces había en la corte señaladas y que sentía que podían ayudar. Estas fueron el cardenal don Pero González de Mendoza, que aquellos tiempos, por su gran virtud, prudencia, fidelidad a los reyes y generosidad de linaje y de ánimo, eminencia de dignidad, era el que mucho con los reyes privaba; con el favor deste señor, dice la Historia portuguesa que aceptaron los reyes la empresa de Cristóbal Colón; otro era el maestro del príncipe don Juan, fray Diego de

Deza, de la Orden de santo Domingo, que después fue arzobispo de Sevilla; otro fue el comendador mayor, Cárdenas; otro, el prior de Prado, fraile de san Jerónimo, que fue después el primer arzobispo de Granada;[2] otro fue Juan Cabrero, aragonés, camarero del rey, hombre de buenas entrañas, que querían mucho el rey y la reina. Y en carta escrita de su mano de Cristóbal Colón, vi que decía al rey que el susodicho maestro del príncipe, arzobispo de Sevilla, don Fray Diego de Deza y el dicho camarero, Juan Cabrero, habían sido causa que los reyes tuviesen las Indias. Y muchos años antes que lo viese yo escrito de la letra del almirante Colón, había oído decir que el dicho arzobispo de Sevilla, por sí, y lo mismo el camarero, Juan Cabrero, se gloriaban que habían sido la causa de que los reyes aceptasen la dicha empresa y descubrimiento de las Indias; debían cierto de ayudar en ello mucho, aunque no bastaran, porque otro, a lo que parecerá, hizo más, y éste fue un Luis de Santángel, escribano de raciones, caballero aragonés, persona muy honrada y prudente, querido de los reyes, por quien finalmente la reina se determinó: con éste tuvo mucha plática y conversación, porque debiera de hallar en él buen acogimiento.

Estos todos o algunos dellos negociaron que Cristóbal Colón fuese oído de los reyes y les diese noticia de lo que deseaba hacer y venía a ofrecer, y en qué quería servir a Sus Altezas; las cuales, oída y entendida su demanda superficialmente, por las ocupaciones grandes que tenían con la dicha guerra (porque esto es regla general, que cuando los reyes tienen guerra poco entienden ni quieren entender en otras cosas), puesto que, con benignidad y alegre rostro, acordaron de lo cometer a letrados, para que oyesen a Cristóbal Colón más particularmente, y viesen la calidad del negocio y la prueba que daba para que fuese posible, confiriesen y tratasen dello y después hiciesen a Sus Altezas plenaria relación. Cometiéronlo principalmente al dicho prior de Prado, y que él llamase las personas que le pareciese más entender de aquella materia de cosmografía, de los cuales no sobraban muchos en aquel tiempo en Castilla; y es cosa de maravillar cuánta era la penuria e ignorancia que cerca desto había entonces por toda Castilla.

Ellos juntos muchas veces, propuesto Cristóbal Colón su empresa, dando razones y autoridades para que lo tuviesen por posible, aunque callando las

---

2   Fray Hernando de Talavera.

más urgentes, porque no le acaeciese lo que con el rey de Portugal, unos decían que cómo era posible que a cabo de tantos millares de años como habían pasado en el mundo, no se hubiesen tenido noticias destas Indias, si fuera verdad que las hubiera en el mundo, habiendo habido un Ptolomeo y otros muchos astrólogos, cosmógrafos y sabios que alcanzaran poco o mucho dellas y lo dejaran por escrito, como escribieron de otras muchas, y que afirmar aquello era querer saber o adivinar más que todos.

Otros argüían desta manera: que el mundo era de infinita grandeza, y por tanto no sería posible en muchos años navegando se pudiese llegar al fin de Oriente, como Cristóbal Colón se profería, a navegar por el Occidente. Traían éstos una autoridad de Séneca, en el lib. I *De las suasorias*, donde dice que muchos sabios antiguamente dudaban si el mar Océano podía ser navegado, supuesto que era infinito, y ya que se pudiese navegar, era muy dudoso si de la otra parte hubiese tierras, y ya que tierras hubiese, si eran habitables, y ya que fuesen habitables, si sería posible irlas a buscar y hallarlas, no advirtiendo que las palabras de Séneca las dice por vía de disputa, y puesto que los sabios que alega Séneca tratasen dudando del fin de la India hacia el Oriente, inferían estos sabios de nuestros tiempos que la misma razón era de la navegación que Cristóbal Colón hacer ofrecía del fin de España hacia el Occidente.

Otros, que mostraban ser más subidos en matemática doctrina, tocando en astrología y cosmografía, decían que desta esfera inferior de agua y tierra, no quedó más de una muy pequeña parte descubierta, porque todo lo demás estaba de agua cubierto, y por tanto, que no se podía navegar si no era por las riberas o costas, como hacían los portugueses por la Guinea; y éstos que afirmaban esto, harto pocos libros habían leído y menos tratado de navegaciones. Añadían más, que quien navegase por vía derecha la vuelta del Poniente, como el Cristóbal Colón profería, no podría después volver, suponiendo que el mundo era redondo, y yendo hacia el Occidente iban cuesta abajo y saliendo del hemisferio que Ptolomeo escribió, a la vuelta érales necesario subir cuesta arriba lo que a los navíos era imposible hacer; ésta era gentil y profunda razón y señal de haber bien el negocio entendido.

Otros alegaban a san Agustín, el cual, como tocamos arriba, negaba que hubiese antípodas, que son los que decimos que andan contrarios de nuestros pies, y así traían por refrán, «duda san Agustín». No faltaba quien traía lo de las cinco zonas, de las cuales las tres son, según muchos, del todo inhabitables, y las dos, sí, la cual fue común opinión de los antiguos, que al cabo supieron poco. Otros traían otras razones, no dignas de traer aquí; otros quizá, que naturalmente alcanzan tener espíritu de contradicción, por el cual a todas las cosas, por buenas y claras que sean, hallan inconvenientes y no les faltan razones con qué contradecir.

Finalmente, aquesta materia fue por entonces una muy grande algarabía, y puesto que Cristóbal Colón les respondía y daba soluciones a sus argumentos y razones con ellas, con que se debieran satisfacer, pero, como para que las comprendiesen hubiera menester Cristóbal Colón quitarles los erróneos principios primeros sobre que fundaban su parecer, lo que siempre es más dificultoso que enseñar la principal doctrina; como se dice de aquel Timoteo, famoso tañedor de flautas, el cual, a quien venía a él a que lo enseñase, si traía principios enseñados por otro lado, llevaba precio doblado que a los que había de enseñar de principio, porque decía él haber de tener con aquél dos trabajos, el uno desenseñar lo que traían sabido, y éste decía ser el mayor, y el otro enseñarle su música y manera de tañer. Así que por esta causa pudo poco Cristóbal Colón satisfacer a aquellos señores que habían mandado juntar los reyes, y así fueron dellos juzgadas sus promesas y ofertas por imposibles y vanas y de toda repulsa dignas y con esta opinión, por ellos así concebida, fueron a los reyes e hiciéronles relación de lo que sentían, persuadiéndoles que no era cosa que a la autoridad de sus personas reales convenía ponerse a favorecer negocio tan flacamente fundado y que tan incierto e imposible a cualquiera persona, letrado o indocto que fuese, podía parecer, porque perderían los dineros que en ello gastasen y derogarían su autoridad real, sin algún fruto. Finalmente, los reyes mandaron dar respuesta a Cristóbal Colón despidiéndole por aquella sazón, aunque no del todo quitándole la esperanza de tornar a la materia, cuando más desocupados Sus Altezas se viesen, lo que entonces no estaban, con los grandes negocios de la guerra de Granada, los cuales no les daban lugar a entremeter negocios nuevos; que el tiempo andando, se podría ofrecer más oportuna ocasión.

Pero ¿por que se oponían a Colón los asesores de los reyes?
Las razones de esta inadvertencia me parece que podríamos asignar brevemente: la una, la falta de las ciencias matemáticas, de noticia de las historias antiguas, que los que tuvieron el negocio cometido tenían; la segunda, la estrechura, de aquellos tiempos, que también hacía los corazones estrechos, porque como todos los Estados, por la penuria del dinero que por aquel tiempo España padecía, tan tasados y medidos tuviesen sus proventos y, por consiguiente, o por los casos que ocurrían de nuevo o por los que siempre la sublime potencia cuanto más alta, tanto más teme que le han de sobrevenir, reglasen y tasasen con ellos los gastos; por tanto parecía a los que debían a ello las personas reales inducir que se perdía gran suma en aventurar cosa tan poquita por esperanza tan grandísima, puesto que por entonces, por la falta primero dicha, no creída.

Fue la segunda causa, que negocio tan calificado y de tan inestimable precio impidió que por aquel tiempo no se concediese, conviene a saber, las grandes ocupaciones que los reyes, como ya se dijo, en aquellos días y aun años con el cerco de la gran ciudad de Granada tuvieron, porque cuando los príncipes tienen cuidados de guerra, ni el rey ni el reino quietud ni sosiego tienen, y apenas se da lugar de entender aun en la vida muy necesario, ni otra cosa suena por los oídos de todos en las cortes, sino consejos, consultas y ayuntamientos de guerra, y esto solo negocio a todos los otros suspende y pone silencio. La tercera y más eficaz y verdadera y de todas principalísima causa es, y así en la verdad debió de ser, la ley, conviene a saber que Dios tiene en todo su mundo puesta, que ningún bien en esta vida, por chico que sea, se pueda conseguir de alguna persona sino con grande trabajo y dificultad, para darnos a entender la Providencia divina, que si los bienes temporales por maravilla, sin sudores y trabajos se adquieren, no nos maravillemos si los eternos y que no tienen defecto alguno ni tendrán fin, sin angustias y penalidades alcanzar no los pudiéremos, porque, cierto, las cosas muy preciosas no por vil precio se pueden comprar, mayormente siempre tuvo y tiene y tendrá la suso nombrada ley y divina regla su fuerza y vigor firmísimo, en las cosas que conciernen a nuestra santa fe, como parece en la dificultad incomparable que a los principios tuvo la predicación evangélica, dilatación, y fundación de la Iglesia; lo uno, porque nadie se glorie ni pueda presumir que sus obras, industria y trabajos serían para ello bastantes, si la divina gracia y sumo poder no asistiese, y como principal y universal o primaria causa no fuese el movedor y final efectuador de la misma obra santa que conseguir el mismo Dios pretende, por lo cual deja los negocios, que más quiere que hayan efecto, llegar casi hasta el cabo, que parece ya no tener remedio ni quedar esperanza de verlos concluidos con próspero fin; empero, cuando no se catan los hombres, socorriendo con su favor, los concluye y perfecciona, porque conozcan que dél solo viene todo buen efecto y toda perfección; lo otro, porque los que escoge para servirse dellos en las tales obras ayunten mayor aumento de merecimientos; lo otro, porque contra los negocios más aceptos a Dios y que más provechosos son a su santa Iglesia, mayores fuerzas pone para los impedir todo el ejército de los Infiernos, conociendo que poco tiempo le queda ya, como se escribe en el Apocalipsi, todo en fin, para sacar bienes de los males, como suele permitirlo y ordenarlo la Providencia y bondad divina. Pues como este descubrimiento fuese una de las más hazañosas obras que Dios en el mundo determinaba hacer; pues un orbe tan grande y una parte del universo desto tan inferior, y la mayor parte a lo que se cree, de todo él, tan secreta y encubierta hasta entonces, dispusiese descubrir, donde había de dilatar su santa Iglesia y quizá del todo allá pasarla y resplandecer tanto su santa fe, dándose a tan infinitas naciones a conocer, no es de maravillar que tuviese a los principios, como ha tenido también a los medios, como parecerá, tan innúmeros inconvenientes, y que la susodicha regla o ley de la divina Providencia, inviolablemente se guardase por las razones susodichas en esta negociación.

    Tornando a la historia, residió Cristóbal Colón de aquella primera vez en la corte de los reyes de Castilla, dando estas cuentas, haciendo estas informaciones, persuadiendo a grandes y a chicos, los que sentía poderle dar algún ayuda o favor, sufriendo innumerables repulsas y contradicciones, padeciendo necesidades y no menos hartas veces afrentas, más de cinco años, sin sacar fruto alguno; el cual, no pudiendo ya sufrir tan importuna e infructuosa dilación, mayormente faltándole ya las cosas para su sustentación necesarias, perdida toda esperanza de hallar remedio en Castilla, y con razón, acordó de desmamparar la cortesana residencia, de donde se partió, con harto desconsuelo y tristeza, para la ciudad de Sevilla, con la intención que luego se dirá.

Frustrado por tantas incomprensiones y demoras Colón va a Sevilla y expone sus ideas a varios nobles que interceden por el, pero fracasan. Cuando está a punto de irse a Francia, lo oye fray Juan Pérez y alega en su nombre ante la reina

Cristóbal Colón, según lo que dijeron que fue a la villa de Palos con su hijo, o a tomar su hijo, Diego Colón, niño, lo cual yo creo, fuese al monasterio de La Rábida, de la orden de san Francisco, que está junto a aquella villa, con intención de pasar a la villa de Huelva a se ver con un su concuño, casado, dizque con una hermana de su mujer, y de allí pasar en Francia a proponer su negocio al rey, y si allí no se le admitiese, ir al rey de Inglaterra, por saber también de su hermano Bartolomé Colón, de quien hasta entonces no había tenido alguna nueva. Salió un padre, que había nombre fray Juan Pérez, que debía ser el guardián del monasterio, y comenzó a hablar con él en cosas de la corte como supiese que della venía, y Cristóbal Colón le dio larga cuenta de todo lo que con los reyes y con los duques le había ocurrido, del poco crédito que le habían dado, de la poca estima que de negocio tan grande hacían, y cómo lo tenían todos por cosa vana y de aire, y todos los de la corte, por la mayor parte, lo desfavorecían. Haciendo alguna reflexión entre sí, el dicho padre, cerca de las cosas que a Cristóbal Colón oía, quísose bien informar de la materia y de las razones que ofrecía, y, porque algunas veces Cristóbal Colón hablaba puntos y palabras de las alturas y de astronomía y él no las entendía, hizo llamar a un médico o físico, que se llamaba Garci Hernández, su amigo, que, como filósofo, de aquellas proposiciones, más que él entendía. Juntos todos tres platicando y confiriendo, agradó mucho al Garci Hernández, físico, y por consiguiente, al dicho padre guardián, el cual diz que, o era confesor de la serenísima reina, o lo había sido, y con esta confianza rogó instantísimamente al dicho Cristóbal Colón que no se fuese, porque él determinaba de escribir a la reina sobre ello, y que hasta que volviese la respuesta se estuviese allí en el monasterio de La Rábida. Plugo a Cristóbal Colón hacerlo así, lo uno porque como ya hubiese seis o siete años que andaba en la corte negociando esto, y sintiese la bondad de los reyes y la fama que de sus virtudes y clemencia por muchas partes se difundía, por lo cual deseaba servirles, y veía que no por falta de Sus Altezas sino de los que les aconsejaban, no entendiendo él negocio, no se lo admitían, y tenía afición al reino de Castilla, donde tenía sus hijos que mucho quería; y lo otro por excusar trabajos y dilación, yendo de nuevo a Francia, aunque ya recibido había cartas del rey de Francia, según él dice en una carta que escribió a los reyes, creo que desde esta isla Española, diciendo así: «Por servir a Vuestras Altezas yo no quise entender con Francia ni Inglaterra, ni Portugal, de los cuales príncipes vieron Vuestras Altezas las cartas, por mano del doctor Villalano.» Y así parece que todos tres reyes le convidaron y llamaron, aunque en diversos tiempos, ofreciéndose a querer ser informados, y aceptar el negocio.

Finalmente y gracias a la intervención de altos funcionarios, Isabel de Castilla lo recibe, acepta su plan y ordena ejecutarlo

Hiciéronse de nuevo muchas diligencias, júntanse muchas personas, hubiéronse informaciones de filósofos y astrólogos y cosmógrafos (si con todo algunos entonces perfectos en Castilla había), de marineros y pilotos, y todos a una voz decían que era todo locura y vanidad, y a cada paso burlaban y escarnecían dello, según que el mismo almirante muchas veces a los reyes en sus cartas lo refiere y testifica. Hacía más difícil la aceptación deste negocio lo mucho que Cristóbal Colón, en remuneración de sus trabajos y servicios e industria, pedía, conviene a saber: estado, almirante, visorrey y gobernador perpetuo, etc., cosas, que, a la verdad, entonces se juzgaban por muy grandes y soberanas, como lo eran, y hoy por tales se estimarían, puesto que mucha fue entonces la inadvertencia, y hoy lo fuera, no considerándose que si pedía esto, no era sino como el que pide las albricias dellas mismas (como arriba, hablando del rey de Portugal, dijimos). Llegó a tanto el no creer ni estimar en nada lo que Cristóbal Colón ofrecía, que vino en total despedimiento, mandando los reyes que le dijesen que se fuese en hora buena.

Conociendo, pues, la reina Católica la intención y buen celo que tenía Luis de Santángel a su servicio, dijo que le agradecía mucho su deseo y el parecer que le daba y que tenía por bien de seguirlo, pero que se difiriese por entonces hasta que tuviesen un poco de quietud y descanso, porque ya veía cuán necesitados estaban con aquellas guerras que tan prolijas habían sido; «pero sí todavía os parece, Santángel, dice la reina, que ese hombre ya no podrá sufrir tanta tardanza, yo tendré por bien que sobre joyas de mi recámara se busquen prestados los dineros que para hacer el armada pide, y váyase luego a entender en ella».

El Luis de Santángel hincó las rodillas y fuele a besar las manos teniéndole en señalada merced la cuenta que de su parecer hacía, en querer aceptar negociación tan dudosa como todos la hacían y contradecían, y añadió: «Señora serenísima, no hay necesidad de que para esto se empeñen las joyas de Vuestra Alteza; muy pequeño será el servicio que yo haré a Vuestra Alteza y al rey, mi señor, prestando el cuento de mi casa, sino que Vuestra Alteza mande enviar por Colón, el cual creo es ya partido».

Luego la reina mandó que fuese un alguacil de corte, por la posta, tras Cristóbal Colón, y de parte de Su Alteza le dijese cómo lo mandaba tornar y lo trajese; al cual halló dos leguas de Granada, a la puente que se dice de Pinos. Volvióse con el alguacil Cristóbal Colón; fue con alegría de Santángel recibido. Sabido por la reina ser tornado, mandó luego al secretario Juan de Coloma, que con toda presteza entendiese en hacer la capitulación, y todos los despachos que Cristóbal Colón ser necesarios para todo su viaje y descubrimiento le dijese y pidiese.

Es también de considerar, cómo los reyes son hombres como los otros, y que están en manos todos del sumo y verdadero rey Dios todopoderoso por quien reinan en la tierra, cuyo corazón cuando y como y adonde y por quien le place, a los que quiere los vuelve, porque no obstando tantos letrados y personas de tanta y grande autoridad cerca de los reyes, a estorbarles y disuadirles que tal empresa no admitiesen, viniéronla a conceder y proveer, por persuasión de un hombre sin letras, solo con buena voluntad, y que cristiana y prudentemente supo a la reina persuadir y con efecto inclinar. La Historia de Juan de Barros, portugués, dice hablando desto, que el cardenal don Pero González de Mendoza fue la mayor parte para que la reina lo admitiese. Bien pudo ser, que antes y algunas veces mucho, como yo creo, favoreciese, y al fin el susodicho Santángel, del todo, como está dicho, lo concluyese.

Lo tercero, también no dejemos pasar sin que consideremos cuánta era la penuria que en aquel tiempo Castilla de oro y plata y dinero tenía, que no tuviesen los reyes un cuento de maravedís para expedir tan sumo negocio, sin que se hubiesen de empeñar las joyas que la ínclita reina para su adornamiento real tenía, y que al cabo esta hazañosa y monstruosa obra, por su entidad y grandeza, se hubiese de comenzar con un cuento, y prestado por un criado, no muy rico, de los reyes y los tesoros que hasta hoy han entrado en Castilla, de las Indias, y gastádose por los reyes de Castilla, otros semejantes a los cuales ni ojos los vieron, ni oídos los oyeron, ni corazón jamás los pensó, ni hombre tampoco los pudo haber soñado.

Aquí también ocurre más que notar, que, según parece, por algunas cartas de Cristóbal Colón escritas de su misma mano, para los reyes, desde esta isla Española, que yo he tenido en mis manos, un religioso que había nombre fray Antonio de Marchena, no dice de qué orden, ni en qué, ni cuándo, fue el que mucho le ayudó a que la reina se persuadiese y aceptase la petición. El cual dice así: «Ya saben Vuestras Altezas, que anduve siete años en su corte importunándoles por esto; nunca en todo este tiempo se halló piloto, ni marinero, ni filósofo, ni de otra ciencia que todos no dijesen que mi empresa era falsa, que nunca yo hallé ayuda de nadie, salvo de fray Antonio de Marchena, después de aquella de Dios eterno», etc.; y abajo dice otra vez que no se halló persona que no lo tuviese a burla, salvo aquel padre fray Antonio de Marchena, como arriba dije, etc. Nunca pude hallar de qué orden fuese, aunque creo que fuese de san Francisco[3] por conocer que Cristóbal Colón, después de almirante, siempre fue devoto de aquella orden. Tampoco pude saber cuándo, ni en qué, ni cómo le favoreciese o qué entrada tuviese en los reyes el ya dicho padre fray Antonio de Marchena.

---

3 Como lo supone Las Casas, Marchena era franciscano, y guardián del convento de La Rábida, en el que fue acogido Colón en 1491; tenía fama Marchena de buen «astrólogo».

Se firma entonces un contrato y se estipulan los privilegios de Colón, a cambio del mundo que habrá de entregar a los reyes de España

Hecho este asiento y capitulación, y concedidas estas mercedes por los reyes Católicos en la villa de santa Fe, de la manera dicha, entráronse Sus Altezas en la ciudad de Granada de hecho, donde suplicó a los reyes Cristóbal Colón, que Sus Altezas le mandasen dar privilegio real de las dichas mercedes que le prometían y hacían, el cual mandaron darle muy cumplido, haciéndolo noble y constituyéndolo su almirante mayor de aquestas mares Oceánas y visorrey y gobernador perpetuo, él y sus sucesores, de las Indias, islas y tierras firmes, aquellas que de aquel viaje descubriese y de las que después por sí o por su industria se hubiesen de descubrir; y diéronle facultad que él y sus sucesores se llamasen Don, y de los susodichos títulos usase luego que hubiese hecho el dicho descubrimiento, sobre lo cual mandaron poner la cláusula siguiente: «Por cuanto vos, Cristóbal Colón, vais por nuestro mandado a descubrir y ganar, con ciertas fustas nuestras, ciertas islas y tierra firme en el mar Océano, etc.; es nuestra merced y voluntad, que desque las hayáis descubierto y ganado, etc., vos intituléis y llaméis almirante, visorrey y gobernador dellas, etc.» De todo lo cual se le dio un muy cumplido privilegio real, escrito en pergamino, firmado del rey y de la reina, con su sello de plomo pendiente de cuerdas de seda de colores, con todas las fuerzas y firmezas y favores que por aquellos tiempos se usaban; al cual privilegio antepusieron un muy notable y cristiano prólogo, como de reyes justos y católicos que eran: la fecha del cual fue en la dicha ciudad de Granada, a 30 días del mes de abril año susodicho de 1492 años. Diéronle todas las provisiones y cédulas necesarias para su despacho.

Y porque siempre creyó que allende de hallar tierras firmes e islas, por ellas había de topar con los reinos del Gran Can y las tierras riquísimas del Catay, por los avisos de Paulo, físico, de que arriba hicimos, en el cap. 12, larga mención, lo cual quizá hiciera, si no hallara nuestra Tierra Firme que descubrió atravesada en medio, pidió cartas reales para el Gran Can, de recomendación, y para todos los reyes y señores de la India y de otra cualquiera parte que hallase en las tierras que descubriese. También se le dieron para los príncipes cristianos a cuyas tierras y puertos le acaeciese llegar, haciéndoles saber cómo Sus Altezas lo enviaban y llevaba su autoridad, rogándoles que lo tuviesen por encomendado, como su embajador y criado, y mandasen hacerle tan buen tratamiento como Sus Altezas entendían hacer a los que a ellos enviasen y trajesen sus cartas.

Y es aquí de saber, que, porque los que contrariaban esta expedición decían a los reyes que Cristóbal Colón todavía en esto no aventuraba nada, y que por verse capitán del armada o navíos que pedía, cualquiera cosa podía de futuro prometer y llevarse aquel viento de capitán acertase o no acertase, y si acaeciese acertar en algo, no arriesgaba cosa, al menos en aquel primer viaje, por esta razón puso en la suplicación aquel postrero capítulo: «que si quisiese pudiese poner o contribuir la ochava parte en los gastos que se hiciesen en los descubrimientos y armadas, y que llevase de los provechos que dellos resultasen también la ochava parte».

Colón se va al puerto de la villa de Palos y comienza a preparar la expedición en la que destacaran tres hermanos de apellido Pinzón

Comenzó Cristóbal Colón a tratar en aquel puerto de su negocio y despacho, y entre los vecinos de aquella villa había unos tres hermanos que se llamaban los Pinzones, marineros ricos y personas principales. El uno se llamaba Martín Alonso Pinzón, y éste era el principal y más rico y honrado; el segundo, Vicente Yáñez Pinzón; el tercero, Francisco Martínez Pinzón, su hermano; a éstos casi todos los de la villa se acostaban, por ser más ricos y más emparentados. Con el principal, Martín Alonso Pinzón, comenzó Cristóbal Colón su plática, rogándole que fuese con él aquel viaje y llevase sus hermanos y parientes y amigos, y sin duda es de saber que le debía prometer algo, porque nadie se mueve sino por su interés y utilidad, puesto que no como algunos dijeron, tanto; creemos que aqueste Martín Alonso, principalmente, y sus hermanos ayudaron y aviaron mucho a Cristóbal Colón para su despacho, por ser ricos y acreditados, mayormente el Martín Alonso, que era muy animoso y en las cosas de la mar bien experimentado. Y porque Cristóbal Colón quiso contribuir la ochava parte en este viaje, porque con solo el cuento de maravedís que por los reyes prestó Luis de Santángel no podía despacharse, y también por haber de la ganancia su ochavo, y Cristóbal Colón quedó de la corte muy alcanzado, y puso medio cuento de maravedís por el dicho ochavo, que fue todo para se despachar necesario, como pareció por las cuentas de los gastos que se hicieron por ante escribano público en la dicha villa y puerto de Palos, que el dicho Martín Alonso, cosa es verosímil y cercana de la verdad, según lo que tengo entendido, prestó solo a Cristóbal Colón el medio cuento, o él y sus hermanos.

De aquí sucedió después, que cuando el almirante don Diego Colón, primer sucesor del almirante don Cristóbal Colón, de quien estamos hablando, puso pleito al que sobre el cumplimiento de sus privilegios y estado, el fiscal, queriendo defender la causa del rey, quiso probar que no había descubierto el almirante don Cristóbal Colón la Tierra Firme, o poco della, e incidentemente ponía en duda que el dicho Cristóbal Colón hubiese sido principal en el descubrimiento destas Indias, y para esto presentaba testigos harto émulos del dicho almirante, primero inventor y descubridor y a quien Dios había elegido para ello como en infinitas cosas lo había mostrado; en la cual probanza se pusieron preguntas harto impertinentes y fuera de justicia y razón, para ofuscar y anublar la más egregia obra que hombre jamás, en millares de años atrás ni tan universal, como de sí es manifestísima, hizo. A vueltas de la cual probanza se entremetieron cláusulas, que para ser cosa tan de veras, dignas de no ser admitidas, sino, porque causasen risa, desechadas. Así que, como dije, sucedió que el fiscal por información de algún marinero, pusiese algunas preguntas para probar que el dicho Martín Alonso había dado dineros al dicho Cristóbal

Colón para ir a la corte la primera vez, y, después de alcanzado de los reyes la dicha negociación y capitulación; que le había prometido de partir con él la mitad de las mercedes y privilegios que le habían concedido los reyes y otras cosas, que, como por la misma probanza parece, la cual yo he visto y tenido en mi poder y leído muchas veces, se convencen de falsedad. Cierto, si le hubiera prometido Cristóbal Colón la mitad de las mercedes, no era tan simple Martín Alonso, siendo él y sus hermanos sabios y estimados por tales, que hubiera pedídale alguna escritura dello, aunque no fuera sino un simple conocimiento con su firma, o al menos, pusiéranle algún pleito sus herederos, y Vicente Yáñez, que vivió después muchos años, el cual yo conocí, hubiera alguna queja o fama dello, pero nunca hubo dello memoria, ni tal se boqueó (lo cual creo cierto que a mí no se me encubriera, como yo sea muy de aquellos tiempos) hasta que el dicho pleito se comenzó, que creo que fue el año de 1508, vuelto el rey Católico de Nápoles.

**Están listas las más famosas carabelas de la historia:
La Pinta, muy ligera, que siempre se adelantaba a sus hermanas y fue la primera en ver el nuevo mundo. La Niña, que acompañaría a Colón en tres viajes; la Santa María, naufragada después frente a las costas de Haití**

Finalmente, de una manera o de otra, Cristóbal Colón se dio prisa, cuanta pudo, para su despacho, y el Martín Alonso de ir con él y sus hermanos; y, éstos movidos, se movieron otros muchos para ir este viaje, y o la villa dio los dos navíos o los pagó a sus dueños por la susodicha causa, y Cristóbal Colón fletó, allende aquellos dos, una nao Todas tres carabelas muy bien aderezadas de velas y jarcias y todos aparejos, de bastimentas hartos para un año, y de lo demás necesario para viaje tan incierto y tan grande, y embarcadas sus arcas de rescates, señaló por capitán de la una carabela, que tenía nombre la Pinta, que era la más ligera y velera, al dicho Martín Alonso Pinzón, y en el a por maestre, a Francisco Martínez Pinzón, su hermano. En la otra, que llamaban la Niña, puso por capitán y maestre a Vicente Yáñez Pinzón; en la tercera, que era la nao algo mayor que todas, quiso ir él, y así aquélla fue la capitana. La gente que se allegó y metió en ellas, con marineros y hombres de tierra, porque llevó algunos criados del rey que se aficionaron a ir con él por curiosidad, y otros criados y conocientes suyos, fueron por todos noventa hombres, marineros y de allí de Palos todos los más.

Es hora de partir
Puesto su despacho todo en perfección, jueves a 2 de agosto, año de 1492, mandó embarcar Cristóbal Colón toda su gente, y otro día viernes, que se contaron tres días del dicho mes de agosto, antes que el Sol saliese con media hora, hizo soltar las velas y salió del puerto y barra que se dice de Saltes, porque así se llama aquel río de Palos; y porque comenzó desde allí un libro de sus navegaciones para estas Indias, y el prólogo dél, así por contar algo de la toma de Granada y hacer mención de la echada de los judíos destos reinos, como porque se conciba la intención de los reyes y suya, y también por la antigüedad y simplicidad de sus palabras, parecióme no ir fuera de la historia referirlo aquí, en el cual comienza Cristóbal Colón decir a los reyes así: «In nomine domini nostri Jesu Christi.—Porque, cristianísimos y muy altos y muy excelentes y muy poderosos príncipes, rey y reina de las Españas y de las islas de la mar, nuestros señores, este presente año de 1492, después de Vuestras Altezas haber dado fin a la guerra de los moros que reinaban en Europa, y haber acabado la guerra en la muy grande ciudad de Granada, adonde este presente año, a dos días del mes de enero por fuerza de armas vi poner las banderas reales de Vuestras Altezas en las torres de Alhambra, que es la fortaleza de la dicha ciudad, y vi salir al rey moro a las puertas de la ciudad, y besar las reales manos de Vuestras Altezas y del príncipe, mi señor, y luego en aquel presente mes, por la información que yo había dado a Vuestras Altezas de las tierras de la India y de un príncipe que es llamado Gran Can, que quiere decir en nuestro romance rey de los reyes (como muchas veces él y sus antecesores habían enviado a Roma a pedir doctores en nuestra santa fe porque le enseñasen en ella, y que nunca el santo Padre le había proveído y se perdían tantos pueblos, cayendo en idolatrías y recibiendo en sí sectas de perdición); y Vuestras Altezas, como católicos cristianos y príncipes, amadores de la santa fe cristiana y acrecentadores della, y enemigos de la secta de Mahoma y de todas idolatrías, y herejías, pensaron de enviarme a mí, Cristóbal Colón, a las dichas partidas de India para ver los dichos príncipes y los pueblos y las tierras y la disposición dellas y de todo, y la manera que pudiere tener para la conversión dellas a nuestra santa fe; y ordenaron que yo fuese por tierra al Oriente, por donde se acostumbra de andar, salvo por el mismo

camino de Occidente, por donde hasta hoy no sabemos por cierta fe que haya pasado nadie».

Ruta y destino hacia las islas Canarias. La Pinta sufre una avería. ¿Sabotaje? El volcán de tenerife los saluda con sus fuegos

Prosiguiendo, pues, su viaje a las Canarias, lunes, a 6 de agosto, desencasóse o saltó de sus hembrillas el gobernarlo a la carabela Pinta, donde iba Martín Alonso Pinzón, y según se sospechó, por industria de unos marineros, Gómez Rascón y Cristóbal Quintero, cúya era la carabela, porque les pesaba ir a aquel viaje e iban contra su voluntad: y dice aquí Cristóbal Colón, que antes que partiesen, había tomado en ciertas grisquetas o reveses a los dichos Gómez Rascón y Cristóbal Quintero. Vióse aquí en gran turbación, por no poder socorrer a la dicha carabela Pinta sin su propio peligro, pero que perdía alguna de la mucha pena que tenía; por conocer que Martín Alonso era persona esforzada y de buen ingenio. Remediaron como pudieron el gobernarlo, y después le tornó a faltar; llegaron en obra de siete días a vista de Gran Canaria, en la costa de la cual mandó quedar la carabela Pinta, porque hacía mucha agua, y por esto tuvo gran necesidad de ponerla a monte en Canaria.

El Cristóbal Colón con la otra carabela fue a la Gomera, y después de muchos rodeos y trabajos, tornó a Canaria al puerto de Gando, que es bueno, para adobada, donde de día y de noche, con gran solicitud e inestimables trabajos, la remedió y tornóse con ella a la Gomera en 2 de septiembre. Dice aquí Cristóbal Colón que una noche de aquellas que andaba cerca de Tenerife, salió tanto fuego del pico de la sierra, que, como arriba se dijo, es una de las altas que se saben en el mundo, que fue cosa de gran maravilla. No dejaba la gente con todos estos trabajos e inconvenientes que se les ofrecían de murmurar y desganarse del viaje y comenzar a tener mayores dificultades.

Están en medio del mar desconocido, se angustian y esperanzan
Domingo, 16 de septiembre, anduvo 38 leguas; contó algunas menos; tuvo aquel día algunos nublados y llovizno. Dice aquí Cristóbal Colón, que hoy y siempre de allí adelante, hallaron aires temperatísimos, que era, según dice, placer grande el gusto y amenidad de las mañanas, que no faltaba sino oír ruiseñores y era el tiempo como por abril en el Andalucía; tenía, cierto, razón, porque es cosa maravillosa la suavidad que sentimos desde medio golfo para estas Indias, y cuanto más se acercan los navíos a estas tierras, tanto mayor sienten la templanza y suavidad de losaires y claridad de los cielos y amenidad y olores que salen de las arboledas y florestas dellas, mucho más, cierto, que por abril en el Andalucía.

Aquí comenzaron a ver muchas manadas o balsas extendidas de hierba verde, aunque más tiran a color amarilla, y, porque ya se les iba haciendo el camino luengo y lejos la guarida, y habían comenzado a murmurar del viaje y de quien en él los había puesto, viendo estas balsas de hierba desde lejos y que eran muy grandes, comenzaron a temer no fuesen peñas o tierras anegadas, por lo cual se movieron a mayor impaciencia y a más recia murmuración contra Cristóbal Colón, que los guiaba; pero visto que pasaban los navíos por ellas, perdieron por entonces, aunque no del todo, el temor. Juzgaron por esto todos que debía estar cerca de allí alguna isla; Cristóbal Colón afirmaba que isla podía ser, pero no tierra firme, porque la tierra firme hacía él muy adelante, y no estaba engañado. Por aquí parece que los navíos de Cádiz, que arriba en el capítulo IX, dijimos, de que hace Aristóteles mención en el libro *De admirandis in natura auditis*, antiguamente arrebatados con tormenta, haber llegado a ciertas regiones en la mar, donde hallaron grandes balsas de ovas y hierbas, son éstas, y que llegaron hasta aquí.

Competencias de velocidad en pleno océano por el premio de América

Iban toda la gente muy alegres, y los navíos el que más podía correr más corría, por ver primero tierra. Lo uno, porque es natural los hombres querer ser cada uno el primero y llevar al otro ventaja, aunque sea a su padre, aun en las cosas chicas y de poca importancia, como parece en el juego del ajedrez y en los otros, cuanto más en las señaladas y grandes. Lo otro, porque la reina, por suplicación de Cristóbal Colón había mandado y hecho merced de diez mil maravedís de juro, de por vida, al primero que viese la primera tierra. Dijo aquí Cristóbal Colón, que porque aquellas señales eran del Poniente, esperaba en aquel alto Dios, en cuyas manos estaban todas las victorias, que muy presto le daría tierra. Vio aquella mañana un ave blanca con la cola luenga, que se llama rabo de junco, que no suele diz que dormir en la mar.

Pero pronto surge el descontento porque pasan los días sin resultados. Los marinos se asustan de ver tanta calma en el mar. Colón los apacigua, pero corre el peligro de una insubordinación

Cuanto Dios más les mostraba manifiestas señales de que era imposible estar lejos la tierra, tanto más crecía su impaciencia e inconstancia, y más se indignaban contra Cristóbal Colón. En todo el día y la noche, los que estaban despiertos, nunca cesaban de estar hechos corrillos, los que se podían unos con otros juntar, murmurando y tratando de cómo se podrían tomar. Para esto decían que era gran locura y ser homicidas de sí mismos aventurar sus vidas por seguir la locura de un hombre extranjero, que por hacerse gran señor, se había puesto a morir, y verse en tan grande aprieto como él y todos se veían, y engañando tanta gente, mayormente habiendo sido su negociación o sueño por tan grandes hombres y tantos letrados contradicha y por vana y loca tenida, y que bastaba para excusarse de cualquiera cosa que sobre aquesto hiciesen, haber llegado hasta donde nunca hombres llegaron ni osaron navegar, y que no se obligaron a llegar hasta el cabo del mundo, especialmente que si más tardaban, no era posible tener bastimentas para volver. Algunos pasaban más adelante, diciendo que lo mejor de todo era echarlo una noche a la mar, si porfiase a pasar adelante, y publicar que había él caído, tomando el estrella con su cuadrante o astrolabio, y que, como era extranjero, pocos o nadie habría que pudiesen la cuenta, antes había infinitos que afirmasen haberle dado Dios por su atrevimiento su merecido. En estas y en otras semejantes ocupaciones gastaban el tiempo de noche y de día, y a ello debían de dar lugar los Pinzones, que eran los capitanes y principales de toda la gente, y como todos los demás marineros eran naturales y vecinos de Palos y Moguer, a ellos y con ellos acudían y sentían todos. Destos Pinzones se quejaba mucho, y de las penas que le habían dado, Cristóbal Colón.

Fácilmente podrá juzgar el que esto leyere, con cuánto sobresalto y temor estaría Cristóbal Colón, no hiciese aquella gente, tan libre y tan sin razón como suele ser en la mar, algún desvarío, en cuánta tristeza y angustia y amarguras iría. No dejaba de encomendarse mucho a Dios, aparejado para cualquiera calamidad y muerte que le viniese. Disimulaba con ellos, alegrábalos honrando al menor cuanto podía; reía con ellos llorándole el corazón, y algunas veces representábales cuánto rigor podrían los reyes usar con ellos, habiendo dejado de proseguir una demanda de que tan averiguadas señales habían visto para estar cerca, de lo cual ninguno que lo oyese dudaría, y por consiguiente todos con razón les culparían y que, para excusar estos y otros muchos inconvenientes, les rogaba, que como hombres animosos y de virtud, sufriesen algunos pocos de días, que él les prometía, con confianza que tenía de la Santísima Trinidad, ellos verían muy en breve tiempo tierra, con la vista de la cual todos se alegrarían.

¿Estaría cambiando también la posición de las estrellas? El almirante Colón descubre que los horarios cambian según los continentes

En estos días notó Cristóbal Colón una cosa, de que se admiró: que las Guardas, en anocheciendo, estaban junto el brazo izquierdo, que es el de la parte de Occidente, y cuando amanecía, estaban en la línea debajo del brazo derecho, por manera que en toda la noche no andan sino tres líneas, que son nueve horas, y esto cada noche. También de otra cosa los pilotos de los tres navíos recibieron mucho temor, sospechando algún gran peligro, hasta que él les dio la razón, y es que las agujas noruesteaban una cuarta entera en anocheciendo, y en amaneciendo estaban fil con fil de la estrella. Dioles la causa desta diferencia Cristóbal Colón diciendo que aquello causaba el movimiento que aquella estrella que llamamos Norte hace con su círculo alrededor del verdadero Norte o Polo, por manera que aquella estrella se muda, o tiene su movimiento violento de Oriente a Occidente como las otras, y las agujas siempre señalan el verdadero Norte o Polo, mostrando la verdad; con esta solución quedaron los pilotos y marineros algo satisfechos.

Falsa alarma: faltan cinco días para la historia pero no lo saben
Porque nuestro Señor tenía determinado de abreviar ya el tiempo en que a Cristóbal Colón había de hacer verdadero, y mostrar que lo había escogido para esto, y escaparte también del gran peligro que con aquella gente impaciente e incrédula llevaba y a ellos asimismo despenar, y a todos consolar, domingo, 7 de octubre, al levantar del Sol, la carabela Niña, que por ser muy velera iba delante, y también porque todos trabajaban de andar cuanto más podían por ver primero tierra, por ganar la merced de los 10.000 maravedís de juro que la reina había prometido al que primero viese tierra, como ya se dijo arriba, al o una bandera en el topo del mástil y tiró una lombarda por señal que veía tierra, porque así lo había ordenado el capitán general Cristóbal Colón.

¡Tierra! ¡Tierra! ¡Tierra!

Jueves, 11 días de octubre, cuando ya la misericordia divina quiso hacer a todos ciertos de no haber sido en balde su viaje, vieron nuevas, y más que todas las otras, ciertas y averiguadas señales, con que todos respiraron. Navegaron al Güessudueste, llevando más alta y brava mar de la que habían traído todo el viaje; vieron pardelas, y, lo que más que todo fue, junto a la nao un junco verde, como si entonces de sus raíces lo hubieran cortado; los de la carabela Pinta vieron un palo y una caña, y una tablilla y otra hierba que en tierra nace; los de la carabela Niña también vieron otras señales, y un palillo cargado de escaramujos, con que todas las carabelas en gran manera se regocijaron anduvieron en este día, hasta que el Sol se puso, 27 leguas.

Conociéndose Cristóbal Colón estar ya muy cerca de tierra, lo uno, por tan manifiestas señales, lo otro, por lo que sabía haber andado de las canarias hacia estas partes, porque siempre tuvo en su corazón, por cualquiera ocasión o conjetura que le hubiese a su opinión venido, que habiendo navegado de la isla del Hierro por este mar Océano 750 leguas, pocas más o menos, había de hallar tierra; después de anochecido, al tiempo que dijeron la Salve, como es la costumbre de marineros, hizo una habla muy alegre y graciosa a toda la gente y marineros, reduciéndoles a la consideración las mercedes que a él y a todos Dios en aquel viaje había hecho, dándoles tan llana mar, tan suaves y buenos vientos, tanta tranquilidad de tiempos sin tormentas y zozobras, como comúnmente a los que navegan por la mar suelen acaecer; y que porque él esperaba en la misericordia de Dios que antes de muchas horas les había de dar tierra, que les rogaba encarecidamente que aquella noche hiciesen muy buena guardia en el castillo de proa, velando y estando muy sobre aviso para mirar por tierra mejor que hasta entonces habían hecho, pues haciendo puesto en el primer capítulo de la instrucción que dio a cada capitán de cada navío, partiendo de las Canarias, conviene a saber, que habiendo navegado 700 leguas hacia el Poniente, sin haber descubierto tierra, no navegasen más de hasta media noche, lo cual no habían hasta entonces guardado y él lo había disimulado por no darles más pena, por el ansia que llevaban de ver tierra, porque él tenía gran confianza en Nuestro Señor que aquella noche habían de estar muy cerca de tierra, o quizá verla; y que cada uno pusiese diligencia en velar por verla primero, porque, allende la merced de los 10.000 maravedís que la reina había concedido al primero que la viese, él prometía de darle luego un jubón de seda.

Esta noche, después del Sol puesto, navegó al Güeste, la vía que siempre desde las Canarias trajo, y anduvo 12 millas por hora, y, hasta las dos, después de media noche, andarían 90 millas, que fueron 22 leguas y media.

Estando Cristóbal Colón en el castillo de popa, con los ojos más vivos hacia delante que otro, como aquel que más cuidado dello tenía, porque más le incumbía que a todos, vio una lumbre, aunque tan cerrada o anublada, que no quiso afirmar que fuese tierra, pero llamó de secreto a Pero Gutiérrez, repostero de estrados del rey, y díjole que parecía lumbre, que mirase él lo que le parecía, el cual la vio y dijo que lo mismo le parecía ser lumbre; llamó también a Rodrigo Sánchez de Segovia, que los reyes habían dado cargo de ser veedor de toda el armada, pero éste no la pudo ver. Después se vio una vez o dos, y diz que era como una candelilla que se alzaba y bajaba. Cristóbal Colón no dudó ser verdadera lumbre, y por consiguiente, estar junto a la tierra, y así fue. Y lo que yo siento dello es que los indios de noche por aquestas islas, como son templadas, sin algún frío, salen o salían de sus casas de paja, que llamaban bohíos, de noche a cumplir con sus necesidades naturales, y toman un tizón en la mano, o una poca de tea, o raja de pino; o de otra madera muy seca y resinosa, que arde como tea, cuando se hace oscura noche y con aquél se tornan a volver, y desta manera pudieron ver la lumbre las tres o cuatro veces que Cristóbal Colón y los demás que la vieron.

Velando, pues, muy bien Cristóbal Colón sobre ver la tierra, y avisando a los que velaban la proa de la nao que no se descuidasen, como la carabela Pinta, donde iba Martín Alonso Pinzón, fuese delante de todas por ser más velera, vio la tierra, que estaría dos leguas, a las dos horas después de media noche, y luego hizo las señales que de haber visto tierra, por la instrucción que llevaba, debía hacer, que era tirar un tiro de lombarda y alzar las banderas (y así parece que, pues se vio la tierra dos horas después de media noche, jueves, se debe atribuir al viernes este descubrimiento, y, por consiguiente, fue a 12 de octubre).

Vio la tierra primero un marinero que se llamaba Rodrigo de Triana, pero los 10.000 maravedís de juro, sentenciaron los reyes que los llevase. Cristóbal Colón, juzgando, que, pues él había visto primero la lumbre, fue visto ver primero la tierra. De donde podemos colegir un no chico argumento de la bondad y justicia de Dios, el cual aun en este mundo remunera como también castiga, respondiendo a la confianza que de su providencia se tiene, ya los trabajos y solicitud virtuosa de cada uno, en que ordenó, que así como había Cristóbal Colón llevado lo más trabajoso y angustioso de todo el viaje, con padecer sobre sí la parte que dello le cabía como a particular persona, y la carga de todos como pública, con los desacatos y turbaciones y aflicciones que muchas veces todos le causaron, y solo él tuvo fe firme y perseverante constancia de la divinal Providencia, que no había de ser de un fin defraudado, él alcanzase este favor, y se le atribuyese haber primero visto la tierra, por ver primero la lumbre en ella, en figura de la espiritual, que, por sus sudores, había Cristo de infundir a aquestas gentes que vivían en tan profundas tinieblas, y así gozase de la merced de los 10.000 maravedís; lo cual es de estimar, no tanto por el valor dellos, como fuese tan poco, cuanto por el alegría y consuelo que en esto, aun tan mínimo temporal, favoreciéndolo, quiso concederle. Estos 10.000 maravedís de juro llevó siempre por toda su vida, y si no me he olvidado, un día, hablando con la virreina de las Indias, nuera del mismo almirante don Cristóbal Colón, mujer de su primer sucesor, en las cosas de aquel viaje, me dijo habérsele librado en las carnicerías de la ciudad de Sevilla, donde siempre se los pagaron.

Así que, vista la tierra, bajaron todas las velas, quedándose los navíos con el papahigo, que dicen los marineros, de la vela mayor, sacadas todas las bonetas, y anduvieron barloventeando hasta que fue de día.

Hemos llegado a Guanahaní, es decir San Salvador tierra de hombres sanos... Y desnudos

Venido el día, que no poco deseado fue de todos, lléganse los tres navíos a la tierra, y surgen sus anclas, y ven la playa toda llena de gente desnuda, que toda el arena y tierra cubrían. Esta tierra era y es una isla de quince leguas de luengo, poco más o menos, toda baja, sin montaña alguna, como una huerta llena de arboleda verde y fresquísima, como son todas las de los Lucayos que hay por allí, cerca desta Española, y se extienden por luengo de Cuba muchas, la cual se llamaba en lengua desta isla Española y dellas, porque casi toda es una lengua y manera de hablar, Guanahaní, la última sílaba luenga y aguda. En medio della estaba una laguna de buen agua dulce de que bebían; estaba poblada de mucha gente que no cabía, porque, como abajo se dirá, todas estas tierras desde orbe son sanísimas, y mayormente todas estas islas de los Lucayos, porque así se llamaban las gentes destas islas pequeñas, que quiere decir, casi moradores de cayos, porque cayos en esta lengua son islas.

Así que, codicioso el almirante y toda su gente de saltar en tierra y ver aquella gente, y no menos ella de verlos salir, admirados de ver aquellos navíos, que debían pensar que fuesen algunos animales que viniesen por la mar, o saliesen della, viernes, de mañana, que se contaron 12 de octubre, salió en su batel armado y con sus armas, y la más de la gente que en él cupo; mandó también que lo mismo hiciesen y saliesen los capitanes Martín Alonso y Vicente Yáñez. Sacó el almirante la bandera real, y los dos capitanes sendas banderas de la cruz verde, que el almirante llevaba en todos los navíos por seña y divisa, con una F, que significa el rey don Fernando, y una Y, por la reina Doña Ysabel, y encima de cada letra su corona, una de un cabo de la cruz, y otra del otro.

Saltando en tierra el almirante y todos, hincan las rodillas, dan gracias inmensas al Todopoderoso Dios y Señor, muchos derramando lágrimas, que los había traído a salvamento, y que ya les mostraba alguno del fruto que, tanto y en tan insólita y prolija peregrinación con tanto sudor y trabajo y temores, habían deseado y suspirado, en especial don Cristóbal Colón, que no sin profunda consideración dejaba pasar las cosas que le acaecían, como quiera que más y mucho más, la anchura y longanimidad de su esperanza se le certifica viéndose salir con su verdad, y que de costumbre tenía de magnificar los beneficios que recibía de Dios, y convidar a todos los circunstantes al hacimiento de gracias. ¿Quién podrá expresar y encarecer el regocijo que todos tuvieron y jubilación, llenos de incomparable gozo e inestimable alegría, entre la confusión de los que se veían cercados por no le haber creído, antes resistido e injuriado, al constante y paciente Colón? ¿Quién significará la reverencia que le hacían? ¿El perdón que con lágrimas le pedían? ¿Las ofertas que de servirle toda su vida le hacían? Y, finalmente, ¿las caricias, honores y gracias que le daban, obediencia y sujeción que le prometían? Casi salían de sí por contentarle, aplacarle y regocijarle; el cual, con lágrimas los abrazaba, los perdonaba, los provocaba todos a que todo lo refiriesen a Dios. Allí le recibieron toda la gente que llevaba por almirante y visorrey y gobernador de los reyes de Castilla, y le dieron la obediencia, como a persona que las personas reales representaba, con tanto regocijo y alegría, que será mejor remitir la grandeza della a la discreción del prudente lector, que por palabras insuficientes quererla manifestar.

Luego el almirante, delante de los dos capitanes y de Rodrigo de Escobedo, escribano de toda el armada, y de Rodrigo Sánchez de Segovia, veedor della, y de toda la gente cristiana que consigo saltó en tierra, dijo que le diesen, por fe y testimonio, cómo él por ante todos tomaba, como de hecho tomó, posesión de la dicha isla, a la cual ponía nombre san Salvador, por el rey y por la reina, sus señores, haciendo las protestaciones que se requerían, según que más largo se contiene en los testimonios que allí por escrito se hicieron. Los indios, que estaban presentes, que eran gran número, a todos estos actos estaban atónitos mirando los cristianos, espantados de sus barbas, blancura y de sus vestidos; íbanse a los hombres barbados, en especial al almirante, como por la eminencia y autoridad de su persona, y también por ir vestido de grana, estimasen ser el principal, y llegaban con las manos a las barbas maravillándose dellas, porque ellos ninguna tienen, especulando muy atentamente por las manos y las caras su blancura.

Viendo el almirante y los demás su simplicidad, todo con gran placer y gozo lo sufrían; parábanse a mirar los cristianos a los indios, no menos maravillados que los indios dellos, cuánta fuese su mansedumbre, simplicidad y confianza de gente que nunca conocieron, y que, por su apariencia, como sea feroz, pudieran temer y huir dellos; cómo andaban entre ellos y a ellos se allegaban con tanta familiaridad y tan sin temor y sospecha, como si fueran padres e hijos; cómo andaban todos desnudos, como sus madres los habían parido, con tanto descuido y simplicidad, todas sus cosas vergonzosas de fuera, que parecía no haberse perdido o haberse restituido el estado de la inocencia (en que un poquito de tiempo, que se dice no haber pasado de seis horas, vivió nuestro padre Adán). No tenían armas algunas, si no eran unas azagayas, que son varas con las puntas tostadas y agudas, y algunas con un diente o espina de pescado, de los cuales usaban más para tomar peces que para matar algún hombre, también para su defensión de otras gentes, que diz que les venían a hacer daño.

Primeros regalos indígenas
Tornando, pues, a nuestro propósito de la historia, trajeron luego a los cristianos de las cosas de comer, de su pan y pescado y de su agua, y algodón hilado y papagayos verdes muy graciosos, y otras cosas de las que tenían (porque no tienen más de lo que para sustentar la naturaleza humana, que ha poco menester, es necesario).

Gente hermosa y de buena estatura

Cerca de lo que dice que no vio viejos, debía de ser que no querían parecer, aunque después dice que vio algunos. Es de saber que todas aquellas islas de los Lucayos eran y son sanísimas, y había en ellas hombres y mujeres viejísimos, que casi no podían morir por la gran suavidad, amenidad y sanidad de la tierra, y yo vi algunos dellos; y es tan sana aquella tierra, que algunos españoles, siendo hidrópicos en esta isla, que no podían sanar, se iban a alguna de aquellas islas, y desde a poco tiempo, como yo los vi, volvían sanos. Cerca de lo que dice más el almirante, que eran de hermosos gestos y cuerpos, es cierto así, que todos los vecinos y naturales dellas, por la mayor parte, y de mil no se sacará uno de hombres y mujeres que no fuesen muy hermosos de gestos y de cuerpos. Así lo torna el almirante a certificar en otro capítulo, diciendo: «Todos de buena estatura, gente muy hermosa, los cabellos no crespos, salvo correntíos y gruesos, y todos de la frente y cabeza muy ancha, y los ojos muy hermosos y no pequeños, y ninguno negro, salvo de la color de los canarios, ni se debe esperar otra cosa, pues están Leste Güeste con la isla del Hierro, en Canaria, so una línea; las piernas muy derechas, todos a una mano, y no barriga, salvo muy bien hecha, etc.». Estas son sus palabras.

Los españoles, venidos del cielo, según los indios, contemplan por primera vez el barco americano: una canoa. ¿Dónde está el oro? Hacia el sur, dicen los indios

Vuelto el almirante y su gente a sus navíos, aquel viernes, ya tarde, con su inestimable alegría dando gracias a Nuestro Señor, quedaron los indios tan contentos de los cristianos y tan deseosos de tornar a verlos y haber de sus cosas, no tanto por lo que ellas valían ni eran, cuanto por tener muy creído que los cristianos habían venido del cielo, y por tener en su poder cosa suya traída del cielo, ya que no podían tener consigo siempre a ellos, y así creo que se les hizo aquella noche mayor que si fuera un año.

Sábado, pues, muy de mañana, que se contaron 13 días de octubre, parece la playa llena de gente, y dellos venían a los navíos en sus barcos y barquillos, que llamaban canoas (en latín se llaman monoxilla), hechas de un solo cavado madero de buena forma, tan grandes y luengas, que iban en algunas cuarenta y cuarenta y cinco hombres, dos codos y más de ancho, y otras más pequeñas, hasta ser algunas donde cabía un solo hombre, y los remos eran como una pala de horno, aunque al cabo es muy angosta, para que mejor entre y corte el agua, muy bien artificiada. Nunca estas canoas se hunden en el agua aunque estén llenas, y, cuando se anegan con tormenta, saltan los indios dellas en el mar, y, con unas calabazas que traen, vacían el agua y tórnanse a subir en ellas.

Otros muchos venían nadando, y todos llevaban, dellos papagayos, dellos ovillos de algodón hilado, dellos azagayas, y otros otras cosas, según que tenían y podían, lo cual todo daban por cualquiera cosa que pudiesen haber de los cristianos, hasta pedazos de escudillas quebradas y cascos de tazas de vidrio, y, así como lo recibían, saltaban en el agua, temiendo que los cristianos de habérselos dado se arrepentirían; y dice aquí el almirante que vio dar dieciséis ovillos de algodón hilado, que pesarían más de un arroba, por tres ceptís de Portugal, que es una blanca de Castilla.

Traían en las narices unos pedacitos de oro; preguntóles el almirante por señas dónde había de aquello; respondían, no con la boca, sino con las manos, porque las manos servían aquí de lengua, según lo que se podía entender, que yendo al Sur o volviendo la isla por el Sur, que estaba diz que allí un rey que tenía muchos vasos de oro. Entendido por las señas que había tierra al Sur y al Subueste y al Norueste, acordó el almirante ir allá en busca de oro y piedras preciosas, y dice más aquí, que defendiera que los cristianos de su compañía no rescataran el algodón que dicho es, sino que lo mandara tomar para Sus Altezas, si lo hubiera en cantidad.

Aquí comenzó el error, advierte fray Bartolomé, preocupado porque el almirante tenía que complacer a los reyes y compensar sus gastos

Así que, por esta causa, el almirante nunca pensaba ni se desvelaba y trabajaba más en otra cosa que en procurar cómo saliese provecho y rentas para los reyes, temiendo siempre que tan grande negociación se le había al mejor tiempo de estorbar, porque veía que si los reyes se hartaban o enojaban de gastar, no la habían de llevar al cabo; por lo cual, el dicho almirante se dio más prisa de la que debiera en procurar que los reyes tuviesen antes de tiempo y de sazón rentas y provechos reales, como hombre desfavorecido y extranjero (según él, muchas veces a los mismos Católicos reyes por sus cartas se quejó), y que tenía terribles adversarios junto a los oídos de las reales personas, que siempre lo desayudaban; pero no teniendo tanta perspicacidad y providencia de los males que podían suceder, como sucedieron, por excusación de los cuales se debiera de arriesgar toda la prosecución y conservación del negocio, y andar poco a poco, temiendo más de lo que se debiera temer la pérdida temporal, ignorando también lo que no debiera ignorar concerniente al derecho divino y natural y recto juicio de razón, introdujo y comenzó a asentar tales principios y sembró tales simientes, que se originó y creció dellas tan mortífera y pestilencial hierba, y que produjo de sí tan profundas raíces, que ha sido bastante a destruir y asolar todas estas Indias, sin que poder humano haya bastado a tan sumos e irreparables daños impedir o atajar.

Hay tantas islas, todas magníficas, que el almirante no sabe cual elegir. Avista Santa María de la Concepción (hoy islas Caicos, cerca de las Bahamas)

Alzó las velas el almirante con todos sus tres navíos, y comenzó a ver muchas islas que no sabía a cuál primero ir, todas muy fértiles y muy hermosas, llanas como vergeles; miró por la mayor que estaba de aquésta siete leguas, adonde llegó lunes, 15 de octubre, al poner del Sol, a la cual puso por nombre la isla de santa María de la Concepción.

Los indios que llevaba de san Salvador, dice que le habían dicho que en esta isla había mucho oro, y que la gente della traía manillas, en los brazos y piernas, de oro; aunque él no lo creía, sino que lo decían por huirse, como algunos dellos lo hicieron. Por manera, que como vieron los indios que tanto se les preguntaba por oro, entendieron que los cristianos hacían dello mucha estima, y por esto respondían con su deseo, porque parasen cerca, para que de allí más fácilmente se pudiesen escapar para su isla. Salían infinitos indios a verlos; traíanles de todo cuanto tenían; eran así desnudos y de la misma manera que los de la otra isla, y desque vio que no había oro, y que era lo mismo que lo pasado, tornóse a los navíos.

Colón descubre además varias cosas juntas: la isla Fernandina, el pan que los indios hacen de mandioca o yuca, y como los nativos riegan la noticia de que han llegado unos extraños

Viniendo a la isla de santa María vio el almirante otra isla muy grande, obra de ocho leguas o nueve hacia el Güeste, en la cual le dijeron los indios que traía de san Salvador que había mucho oro, y que traían en ellas las manillas y ajorcas que le habían dicho de la de santa María, y creyó que allí hallaría la mina donde se criaba y cogía el oro; por lo cual, partió para ella, martes, cerca de mediodía, y llegó a ella otro día por la mañana, miércoles, 17 de octubre; porque tuvo calma, no pudo llegar con día.

En este camino, entre la isla de santa María y ésta, a quien puso nombre la isla Fernandina, toparon un solo indio en una canoa chiquita, que lleva el pan de aquellas tierras, que es cazabí, como el desta isla Española, de que después se hará mención, y una calabaza de agua y otras cosas de las suyas, y en una cestilla traían unas cantezuelas verdes y dos blancas, moneda de Castilla, de lo cual conocieron que aquél venía de san Salvador y había pasado por la de santa María e iba a la Fernandina a dar nuevas de los cristianos; el cual, como había andado mucho remando solo en su canoíta, y debía de venir fatigado, vínose a la nao del almirante, y luego mandó que lo metiesen a él y a su barquillo dentro, donde le mandó dar de comer pan y miel y de beber vino, y se le hizo todo el regalo que se pudo hacerle, con darle de las cuentas y otras cosas de rescates, y llevólo en la nao hasta cerca de tierra, y, dice el almirante aquí: «porque dé buenas nuevas de nosotros, y cuando Vuestras Altezas, placiendo a Nuestro Señor, envíen acá, aquellos que vinieren reciban honra y nos den de todo lo que hubiere».

Cerca de la isla, dejólo ir; el cual había predicado tantos bienes de los cristianos, que llegado el almirante y los otros navíos, y surgido ya de noche a vista de una población, toda la noche nunca cesaron de venir canoas llenas de gente a los navíos, trayendo comida y agua y de todo lo que tenían. El almirante mandaba dar a cada uno de comer y algunas cuentecillas de vidrio en un hilo ensartadas, sonajas de latón, que valen en Castilla un maravedí, y agujetas, todo lo cual tenían por cosa celestial. A hora de tercia, envió el batel de la nao a tierra a traer agua, y los indios, con gran voluntad, les mostraron dónde la había, y ellos mismos con mucha alegría traían los barriles a cuestas hasta los bateles, y no sabían en qué hacerles placer.

Atento a todo, Colón se maravilla de los peces y de las culebras grandes y gordas
También dijo que había en aquella mar disformes maneras de peces, algunos de figura de gallos, de finas colores, azules, amarillos, colorados y de todas colores, y otros pintados de mil maneras; las colores diz que tan finas, que no habrá hombre que no se maraville y reciba gran descanso de verlos; También había ballenas; bestias en tierra no vio ninguna de ninguna manera, salvo papagayos y lagartos. Así es verdad, que no había en todas aquellas islas bestias, si no era una manera de conejos de hechura de ratones, aunque más grandes mucho, de las que se dirá cuando hablaremos desta Española y de la isla de Cuba. Culebras había muchas y muy desproporcionadas de grandes y gordas, pero muy mansas y cobardes, y déstas diz que un mozo de la nao vio una. Ovejas ni cabras ni otra especie de animales dizque no vio, puesto que dizque no estuvo allí sino medio día; aunque estuviera más no las viera, porque ninguna otra hay, más de las dichas.

Los españoles que bajan a la playa regresan con otras novedades: en sus limpias casas, los indios duermen en hamacas

De la gente dice que toda era una con la que en las otras islas había visto, así desnudos y de las mismas condiciones y estatura; daban de lo que tenían fácilmente por cualquiera cosa que se les diese. Los que fueron de los navíos a traer el agua dijeron al almirante que habían estado en sus casas, y que las tenían de dentro muy barridas y limpias y que sus camas y paramentos de casa eran como redes de algodón.

Estas llamaban en esta Española hamacas, que son de hechura de hondas, no tejidas como redes, los hilos atravesados, sino los hilos a la luenga sueltos, que pueden meter los dedos y las manos, y de palmo a palmo, poco más o menos, atajados con otros hilos tupidos, como randas muy bien artificiadas, de la hechura de los harneros que en Sevilla se hacen de esparto. Estas hamacas tienen un buen estado de cumplido o de largo, y a los cabos deste largo dejan, de los mismos hilos della, muchas asas, y en cada asa ponen unos hilos delgados de cierta otra cosa, más recia que algodón, como de cáñamo, y éstos son tan luengos como una braza de cada parte, y al cabo de todos ellos júntanse como en un puño, y deste puño, de los postes de las casas los atan de ambas partes, y así quedan las hamacas en el aire y allí se echan; y como ellas sean las buenas de 3 y de 4 varas y más en ancho, ábrenlas cuando se echan como abriríamos una honda que fuese muy grande, pónense atravesados como en sosquín, y así sobra de la hamaca con qué cobijarse, y, porque no hace frío alguno, bástales. Para quien usa dormir en ellas cosa es descansada, puesto que no debe ser sana por la humedad del suelo, que aunque esté alta, del que no puede estar más de medió estado porque se pueda subir en ella, penetra el cuerpo humano, y aunque se pusiese alto en un sobrado, todavía por la humedad de la noche haría daño. Al menos son muy limpias, y, para por los caminos, aun en Castilla, los veranos, serían harto estimadas.

De la tierra llega hasta las naos un delicioso olor de flores y de arboles

Así que el viernes, 19 de octubre, vieron una isla a la parte del Leste, sobre la cual fueron, y pareció un cabo della redondo y hondo, al cual puso el almirante nombre Cabo Hermoso, y allí surgió. Esta isla llamaron Samoet, o Samoeto, de la cual dice el almirante que era la más hermosa que nunca vio, y que si las otras de hasta allí eran hermosas, ésta más, y que no se le hartaban ni cansaban los ojos de mirar tierras y florestas y verduras tan hermosas.

Esta isla era más alta de cerros y collados que las otras y parecía de muchas aguas; creía que había en estas islas muchas hierbas y árboles para tinturas y para medicinas y especierías que valdrían en España mucho, porque llegando que llegó al dicho Cabo Hermoso, dice el almirante que sintieron venir olor suavísimo de las flores y árboles de la tierra, que era cosa suavísima y para motivo de dar infinitas gracias a Dios. Decían diz que aquellos hombres que tomó en san Salvador que la población estaba dentro en la isla, donde residía el rey della, que andaba vestido de mucho oro. Bien parece que no entendían el almirante ni los demás a los indios, o quizá ellos lo fingían por agradarte, como veían que tanta diligencia ponía en preguntar por el oro. Entendía también que aquel rey señoreaba todas aquellas islas, aunque todavía decía el almirante que no daba mucho crédito a sus decires, así por no los entender bien, como por conocer que eran tan pobres de oro, que poco les parecería mucho.

En su ruta aparece la Isla de Cuba, pero cree haber encontrado el rico reino de Cipango (Japón) que había venido a buscar por la ruta del oeste

Y es aquí de saber, que, como arriba se dijo en el dicho capítulo 12, el almirante don Cristóbal Colón, a la carta mensajera y a la figura o carta de marear pintada, que le envió el dicho Paulo, físico, dio tanto crédito, que no dudó de hallar las tierras que le enviaba pintadas, por las premisas y principios tantos y tales, como arriba pareció, que él de antes tenía, y según la distancia o leguas que había hasta aquí navegado, concordaba casi al justo con el sitio y comarca en que el Paulo, físico, había puesto y asentado la riquísima y grande isla de Cipango, en el circuito de la c al también pintó y asentó innumerables islas y después la tierra firme. Y como viese tales islas primero y le dijesen y nombrasen los indios otras más de ciento, ciertamente tuvo razón eficacísima el almirante de creer que aquella isla de Cuba, que tanto los indios encarecían y señalaban por tan grande (y después que topó con esta Española, tuvo mayor y más urgente razón), que fuese cualquiera dellas la isla de Cipango, y por consiguiente, creyó hallar en ella grandísima suma de oro y plata y perlas y especierías, las cuales, en dicha figura tenía pintado; y por tanto, muchas veces hace mención en el libro de su primera navegación el almirante del oro y de especierías que creí hallar, y cuantos árboles veía, todos ser de especiería juzgaba, y por no los conocer, dice que iba muy penado. Esperaba también hallar, y, de las palabras de los dichos indios que no entendía se le figuraba que decían haber allí naos grandes de mercaderes y lugares de muchos tratos.

Colón va por la vereda tropical, llena de más y más bellezas
Así que, llegado a la isla de Cuba, Juana, entró en un río muy hermoso y muy sin peligro de bajos ni otros inconvenientes, y toda aquella costa era muy hondo y limpio, hasta dar en la tierra, y en la boca del río había doce brazas, y bien ancha para voltear; tenía dos montañas hermosas y altas, y asemé-jalas el almirante a la peña de los Enamorados, que está cerca de Granada, y una dellas tiene encima otro montecillo, a manera de una hermosa mezquita; donde, algo adentro, aunque a tiro de lombarda, surgió. Cuando iban a entrar en el puerto, vieron dos canoas, y saltando los marineros en las barcas para ver qué fondo había para surgir, huyeron las canoas creyendo que los querían seguir.

Aquí dice el almirante que nunca cosa tan hermosa vio; todo el río cercado de árboles verdes y graciosísimos, diversos de los nuestros, cubiertos de flores y otros frutos, aves muchas y pajaritos que cantaban con gran dulzura, la hierba grande como en el Andalucía por abril y mayo; vio verdolagas y muchos bledos de los mismos de Castilla, palmas de otra especie que las nuestras, de cuyas hojas cubren en aquella isla las casas.

Pero estas hermosuras no son una isla, piensa Colón, son un continente: es la China la tierra del gran can

De aquí estimó el almirante que toda aquella tierra no era isla, sino firme, y en la verdad fue la isla de Cuba; y lo que dijo Martín Alonso que los indios decían que del susodicho río a Cuba había cuatro jornadas y que debía ser alguna ciudad, manifiesto parece cuánto al revés entendían de lo que los indios por señas les hablaban, porque aquella Cuba no era la isla toda, que así se llamaba, ni era ciudad, como Martín Alonso creía, sino una provincia que se llamaba Cubanacán, casi el medio de Cuba, porque *nacán* quiere decir en la lengua destas islas, medio en medio, y así componían este nombre Cubanacán, de Cuba y nacán, tierra o provincia que está en medio o casi en medio de toda la isla de Cuba. Esta provincia, Cubanacán, era muy rica de minas de oro, como diremos (placiendo a Dios) y como veían los indios que tanto y tantas veces los cristianos nombraban el oro y piaban por oro, señalábanles la provincia de Cubanacán, donde hallarían las minas de oro que deseaban. Ellos entendíanlo muy al revés y aplicábanlo que hablaban del Gran Can, de quien harto perdido el cuidado tenían; y que fuese aquella que señalaban la dicha provincia de Cubanacán, parece por esto, conviene a saber, porque considerada la comarca donde comenzaron a andar por la isla de Cuba y lo que habían andado por la costa della hacia abajo, sin duda había dellos al paraje de la dicha provincia 40 o 50 leguas, que serían de las canoas de los indios cuatro o cinco jornadas. Hallábanse, a su parecer de la línea equinoccial el almirante, 42 grados; pero creo que está falsa la letra, porque no está la isla de Cuba sino 20 grados.

Los españoles hacen una campaña de relaciones públicas y tienen gran éxito pues los indios los creen venidos del cielo

Lunes, en la noche, tornaron los dos cristianos y los dos indios que con ellos fueron de la tierra dentro, bien 12 leguas, donde hallaron una población de hasta cincuenta casas, en la cual diz que morarían mil vecinos, porque les parecía que vivían muchos en una casa; y esto asaz es clara señal de ser gente humilde, mansa y pacífica. Contaban estos dos cristianos que habían sido recibidos en aquel pueblo con gran solemnidad y regocijo; aposentáronlos en una de las mejores casas del pueblo, donde concurrían todos, hombres y mujeres, con grande admiración y alegría; tocábanlos con las manos, besábanles sus manos y pies, creyendo que venían del cielo, y así lo mostraban sentir; dábanles de comer liberalísimamente, de todo lo que tenían.

Así como llegaron al pueblo, los tomaron de los brazos los más honrados del pueblo, según les parecía, y lleváronlos a la casa principal, diéronles dos sillas en que se asentaron, y todos cuantos cupieron en la casa se asentaron en cuclillas alrededor dellos; el indio que llevaban de Guanahaní los contó la manera de vivir de los cristianos, según que habían experimentado, y cómo no hacían mal a nadie ni tomaban lo ajeno, antes daban de lo que traían suyo.

Desde a un rato, saliéronse todos los hombres, y entraron todas las mujeres, las cuales se asentaron alrededor dellos, como habían hecho los hombres, y todas las que podían los tentaban y palpaban si eran de carne y de hueso como ellos, y besábanles las manos y los pies, y no les faltaba sino adorarlos. Rogábanles con gran instancia e importunaciones que se quedasen allí a vivir con ellos. Mostráronles la canela y pimienta que el almirante les había dado, preguntándoles si la había por allí; respondieron que no, mas señalaron que cerca de allí había mucha hacia el Sueste.

Fumar es un placer: ¡tabaco cubano, caballero!
Hallaron estos dos cristianos por el camino mucha gente que atravesaban a sus pueblos, mujeres y hombres, siempre los hombres con un tizón en las manos y ciertas hierbas para tomar sus sahumerios, que son unas hierbas secas metidas en una cierta hoja, seca también, a manera de mosquete hecho de papel, de los que hacen los muchachos la Pascua del Espíritu santo, y encendido por la una parte dél, por la otra chupan o sorben o reciben con el resuello para adentro aquel humo; con el cual, se adormecen las carnes y casi emborracha, y así diz que no sienten el cansancio. Estos mosquetes, o como les nombraremos, llaman ellos tabacos. Españoles conocí yo en esta isla Española, que los acostumbraron a tomar, que siendo reprendidos por ello, diciéndoseles que aquello era vicio, respondían que no era en su mano dejarlos de tomar; no sé qué sabor o provecho hallaban en ellos.

Viéndolos tan mansos y desnudos, el almirante piensa que los indios podrían llegar a ser buenos cristianos. Se le ocurre entonces secuestrar a algunos de ellos para llevarlos a España

Dice aquí el almirante aquestas palabras: «Son gentes muy sin mal, ni de guerra; desnudos todos, hombres y mujeres, como su madre los parió; verdad es que las mujeres traen una cosa de algodón, solamente tan grande, que le cobija su natura y no más, y son ellas de muy buen acatamiento, ni muy negras salvo menos que canarias. Tengo por dicho, serenísimos príncipes, que sabiendo la lengua dispuesta suya personas devotas, religiosas, que luego todos se tomarían cristianos, y así espero en nuestro Señor que Vuestras Altezas se determinarán a ello con mucha diligencia, para tomar a la Iglesia tan grandes pueblos, y las convertirán, así como han destruido aquellos que no quisieron confesar el Padre y el Hijo y el Espíritu Santo; y después de sus días (que todos somos mortales), dejarán sus reinos en muy tranquilo estado y limpios de herejía y maldad, y serán bien recibidos delante el eterno Criador, al cual plega de les dar larga vida y acrecentamiento grande de mayores reinos y señoríos, y voluntad y disposición para acrecentar la santa religión cristiana, así como hasta aquí tienen fechó. Amén». Estas son palabras formales del almirante don Cristóbal Colón.

Sacaron la nao de monte, y quisiérase partir el jueves, e ir al Sueste a buscar el oro y las especierías que creía hallar por allí, y descubrir más tierras, pero porque le hizo los vientos contrarios, no pudo partirse de allí hasta lunes, 12 días de noviembre. Estando aquí en este río y puerto de Mares, pareció al almirante que debía llevar a Castilla, desta isla de Cuba o tierra firme, según él ya estimaba, algunos indios para que aprendiesen la lengua de Castilla y saber dellos los secretos de la tierra, y para instruirlos en las cosas de la fe, y por tanto, viniendo una canoa o almadía, como él la nombra, con su confianza y seguridad, que ya concebida de la justicia y fidelidad o bondad de los cristianos todos los indios tenían, y llegándose al bordo de la nao para rescatar de su algodón o casillas, o a ver la nao y los cristianos, o a traerles quizás de sus cosas, como lo hacían, de seis mancebos que en ella venían, los cinco que se entraron en la nao (porque el otro quedó en la canoa), los hizo detener contra su voluntad, para llevar consigo en Castilla.

Además de Cuba, a Colón llega la noticia de que hay otra isla grande y rica, que llamará La Española (dónde hoy están Haití y la República Dominicana)

Estando en este río de Mares, tuvo el almirante relación (según al menos él creía que entendía), que había una isla o tierra hacia la parte del Levante, que llamaban Babeque, y otra que decían Bohío, y ésta creo que era esta isla Española, donde la gente della diz que cogía el oro de noche con candelas en la playa, y después con martillo hacían vergas dello. Y bien parece cuánta diligencia y afección ponían en preguntar por el oro, pues los indios, sintiéndosela, o les mentían y querían alejarlos de su tierra, o el almirante no los entendía. Así que por esta causa y también porque hacía diz que algún frío, por lo cual sentía no sede buen consejo en invierno navegar para descubrir al Norte, acordó dar desde este río y puerto de Mares la vuelta con los navíos todos tres al Leste o Levante, donde los indios le señalaban estar situada la tierra de Babeque; y esto es cierto, que a dos días que navegara por aquel rumbo del Norte, que rehuyó por ser invierno, descubriera la tierra firme que ahora llamamos Florida. Y parece quitarle Dios aquel camino para que más presto hallase esta isla Española, que creo que es la princesa de las islas; con la cual le apartó Dios hartos mayores trabajos y dilación de tiempo, y que no volviera con tan largas señales de oro a Castilla como volvió della.

Donde se cuenta la escapada de Martín Alonso Pinzón

Miércoles, en la noche, 21 de noviembre, antes que tomase la tierra y el Puerto del Príncipe otra vez, como pretendía, se le fue Martín Alonso Pinzón con la carabela Pinta, de la que venía por capitán, sin su licencia y contra su obediencia, ciego de codicia y quizá lleno primero de soberbia, porque un indio de los que había el almirante mandado poner en aquella carabela dizque le había certificado o prometido llevarle a cierta isla o tierra donde hubiese mucho oro; y aquí dice el almirante: «Otras muchas me ha hecho y dicho». Llevó el camino del Leste, hacia donde creían estar la tierra de Babeque, el cual iba a vista del almirante, hasta que el jueves en la noche, como fuese en la carabela que era más velera que todas, del todo desapareció, puesto que el almirante hizo tomar algunas de sus velas y tener farol o lumbre toda la noche y señales para que arribase sobre él, pero él no curó sino irse.

A Colón le gustaría verlo todo y rápido, pero le es difícil comunicarse con los indios

Dice más el almirante aquí estas palabras: Cuánto será el beneficio que de aquí se puede haber, yo no lo escribo; es cierto, señores príncipes, que donde hay tales tierras, que debe haber infinitas cosas de provecho. Mas yo no me detengo en ningún puerto, porque querría ver todas las más tierras que yo pudiese para hacer relación dellas a Vuestras Altezas; y también no sé la lengua, y la gente destas tierras no me entienden, ni yo, ni otro que yo tenga a ellos, y estos indios que yo traigo muchas veces les entiendo una cosa por otra, al contrario, ni fío mucho dellos, porque muchas veces han probado a huir. Mas ahora, placiendo a Nuestro Señor, veré lo más que yo pudiere, y poco a poco andaré entendiendo y conociendo, y haré enseñar esta lengua a personas de mi casa, porque veo que es toda la lengua una, hasta aquí.

Pero no todo. Es fiesta y adoración: algunos indios huyen cuando los europeos se acercan

Y porque el viernes, 30 de noviembre, no se pudo, por ser contrario el viento, partir, envió ocho hombres y con ellos dos hombres indios de los que traía, para que viesen los pueblos de la tierra adentro, por haber lengua de lo que había, los cuales llegaron a muchas casas y no hallaron persona ni cosa en ellas porque se habían huido. Vieron cuatro mancebos que estaban cavando en sus heredades, los cuales, como sintieron los cristianos, echaron a huir; fueron tras ellos y no lo pudieron alcanzar. Anduvieron muchos caminos, hallaron muchas poblaciones y tierra fertilísima, y toda labrada, y grandes riberas de agua y cerca de una hallaron una canoa de un madero de 95 palmos de longura, en que podían diz que navegar ciento cincuenta personas; era hermosísima. No es maravilla, porque en aquella isla hay muy gruesos y muy luengos y grandes y odoríferos cedros colorados, y, comúnmente, todas las canoas hacían de aquellos preciosos árboles.

Ante sus ojos está Haití, en sus oídos un rumor: los indios de otras partes aseguran que los de La Española son caníbales, pero el almirante dice que son calumnias

Yendo pues así, mirando las tierras, puso los ojos hacia el Sudeste, y vio tierra muy grande y ésta es la grande y felicísima isla Española, de la cual tenían nuevas muy frecuentes de los indios, que como de cosa muy famosa se la nombraban, llamándola Bohío; no supe por qué tal nombre le pusiesen, siendo toda una lengua la de los de Cuba y de la Española, pues no se llamaba sino Haití, la última sílaba luenga y aguda. Por ventura llamaban a aquel cabo della Bohío, como llamaban y llamamos hoy las casas que los indios tienen que son de paja, por algún respecto o acaecimiento que no supimos. Así que, miércoles, a 5 días de diciembre, descubrió el almirante la isla de Haití, a la cual puso después, como luego parecerá, la Española.

Dice aquí el almirante que los indios de Cuba tenían gran miedo de los de la Española, porque diz que comían hombres; y otras cosas maravillosas le contaban de aquella gente, las cuales diz que no creía él, sino que porque debían ser hombres de mayor astucia y mejor ingenio y más esforzados los de la Española que ellos y los cautivaban y ellos eran flacos de corazón, por eso los temían. Y así fue cierto verdad, y parecía que el almirante por su prudencia presumía lo que debía ser.

Esto es verdad, como abajo se dirá, que nunca los indios de la isla Española jamás comieron carne humana ni tuvieron otras abominaciones que les han levantado. Eran más políticos y más esforzados mucho que los de la isla de Cuba.

Los indios le informan de un reino enorme, Caribana, pues por sus viajes tenían noción de que detrás de las islas estaba el continente

Tenía gran deseo de ver aquel entremedio destas dos islas, Española y Tortuga; lo uno, por descubrir y ver toda esta: isla Española, que le parecía la más hermosa cosa del mundo; lo otro, porque le decían los indios que consigo traía que por allí se había de ir para la isla de Babeque, y que, según entendía dellos, era isla muy grande y de grandes montañas, valles y ríos. Decían más cuanto el almirante creía que entendía: que la isla del Bohío, que era esta Española, era mayor que la isla Juana que era la isla de Cuba, y decían verdad. Parece que los indios dichos daban a entender que el Babeque era tierra firme, porque decían que no estaba cercada de agua, y que estaba detrás desta isla Española, la cual llamaban Caritaba o Caribana, que era como cosa infinita. Y a mi parecer, que cierto lo decían por tierra firme, y que debían tener noticia de la tierra firme, que estando aquellos indios en las islas de los Lucayos, donde nacieron, y allí en el puerto de la Concepción, donde al presente estaban, les caía tierra firme detrás, o, más propiamente hablando, desa parte o adelante desta Española isla.

Dice aquí el almirante que le parece que tienen razón en nombrar tanto a Babeque, y por otro nombre a Caribana, porque debían de ser trabajados de la gente della, por parecerle que todas estas islas viven con su temor. De aquí toma el almirante a afirmar lo que muchas veces ha dicho, que cree que la gente de Caniba no ser otra cosa sino la gente del Gran Can, que debía ser de allí vecina, que tenían navíos con los que venían a cautivar, y, como no tomaban, creían que se los comían.

Tan buenos y tan mansos, o los peligros de la inocencia, según Bartolomé de las Casas

Dice aquí al almirante: «Crean Vuestras Altezas que estas tierras son en tanta cantidad buenas y fértiles, y en especial estas desta isla Española, que no hay persona que lo sepa decir, y nadie lo puede creer si no lo viese. Y crean que esta isla y todas las otras son así suyas como Castilla, que aquí no falta salvo asiento y mandarles hacer lo que quisieren, porque yo con esta gente que traigo, que no son muchos, correría todas estas islas sin afrenta, porque ya he visto solo tres destos marineros descender en tierra, y haber multitud destos indios, y todos huir sin que les quisiesen hacer mal. Ellos no tienen armas, y son todos desnudos y de ningún ingenio en las armas, y muy cobardes, que mil no aguardarán a tres; y así son buenos para les mandar y les hacer trabajar, sembrar y hacer todo lo otro que fuere menester, y que hagan villas, y se enseñen a andar vestidos y a nuestras costumbres.» Estas son palabras formales del almirante.

Es aquí de notar, que la mansedumbre natural, simple, benigna y humilde condición de los indios, y carecer de armas, con andar desnudos, dio atrevimiento a los españoles a tenerlos en poco, y ponerlos en tan acerbísimos trabajos en que los pusieron, y encarnizarse para oprimirlos y consumirlos, como los consumieron. Y cierto, aquí el almirante más se extendió a hablar de lo que debiera, y desto que aquí concibió y produjo por su boca, debía de tomar origen el mal tratamiento que después en ellos hizo.

Colón entabla relación con el señor y gran rey indio Guacanagarí, quien le hace un buen obsequio

El señor y rey de aquella tierra, que tenía, diz que, un lugar cerca de allí, le envió una gran canoa llena de gente, y en ella una persona principal, criado suyo, a rogar afectuosamente al almirante que fuese con sus navíos a su tierra y que le daría cuanto tuviese. Este rey era el gran señor y rey Guacanagarí, uno de los cinco reyes grandes y señalados desta isla, el que creemos señoreaba toda la mayor parte de tierra que está por la banda del Norte, por donde el almirante por estos días navegaba. A este rey debió mucho el almirante, por las buenas obras que le hizo, como luego parecerá.

Envióle con aquel su criado y embajador un cinto que en lugar de bolsa traía una carátula, que tenía dos orejas grandes de oro de martillo y la lengua y la nariz. Este cinto era de pedrería muy menuda, como aljófar, hecha de huesos de pescado, blanca y entrepuestas algunas coloradas, a manera de labores, tan cosidas en hilo de algodón y por tan lindo artificio, que por la parte del hilo y revés del cinto parecían muy lindas labores, aunque todas blancas, que era placer verlas, como si se hubiera tejido en un bastidor y por el modo que labran las cenefas de las casullas en Castillas los bordadores. Y era tan duro y tan fuerte, que sin duda creo que no le pudiera pasar, o con dificultad, un arcabuz. Tenía cuatro dedos en ancho, de la manera que se solían usar en Castilla por los reyes y grandes señores los cintos labrados en bastidor o tejidos de oro, y yo alcancé a ver alguno dellos.

Como en todas partes, los españoles preguntan por el oro y los indios dicen siempre que más allá, de lo que Colón deduce que debe estar cerca el Japón

Dice aquí el almirante, interrumpiendo el discurso del viaje, que entre los muchos indios que ayer domingo vinieron a la nao, que testificaban que había en esta isla oro, nombrando los lugares donde se cogía, vio uno que le pareció más desenvuelto y más gracioso en hablar y que con más afición y alegría parecía que hablaba; al cual trabajó de halagar mucho y rogarle que se fuese con él a mostrarle las minas del oro. Este trajo otro compañero o pariente consigo, y debían de conceder irse con él en la nao, aunque no lo dice claro el almirante. Estos dos indios, entre otros lugares que nombraban tener minas de oro, señalaban uno que llamaron Cibao, donde afirmaban que nacía mucha cantidad de oro, y que el cacique o rey de allí traía diz que las banderas de oro, pero que era lejos de allí. Oído el almirante este nombre Cibao ser tierra donde nacía oro, de creer es que se le regocijó el corazón, y dobló su esperanza, acordándose de la carta o figura que le envió Paulo, físico, de la isla de Cipango, de que arriba, cap. 12, hicimos larga mención.

Los indios tenían mucha razón en loar la provincia de Cibao de rica de oro, aunque decían más de lo que sabían, por haber más oro en ella de lo que ellos podían haber visto ni oído, porque como los indios desta isla no tuviesen industria de coger oro, como se dirá, nunca supieron ni pudieron saber lo mucho que había, que fue cosa después de admiración. La lejura o distancia de allí hasta Cibao no era mucha porque no habría obra de 30 leguas, y éstas, como los indios no solían salir muy lejos destas tierras en esta isla, bien pudieron temer la dicha distancia y señalarla por lejos.

Por un descuido naufraga la Santa María durante la primera navidad de los europeos en América

Quiso Nuestro Señor que a las doce horas de la noche, que las corrientes que la mar hacía llevaron la nao sobre un banco, sin que el muchacho que tenía el gobernarlo lo sintiese, aunque sonaban bien los bajos, que los pudiera oír de una legua. El mozo sintió el gobernarlo tocar en el bajo y oyó el sonido de la mar, y dio voces, a las cuales levantóse primero el almirante, como el que más cuidado siempre tenía, y fue tan presto, que aún ninguno había sentido que estaban encallados. Levantóse luego el maestre de la nao, cuyo era aquel cuarto de la vela; mandóle luego el almirante y a todos los marineros que halasen el batel o barca que traían por popa y que tomasen un ancla y la echasen por popa, porque por aquella manera pudieran con el cabestrante sacar la nao; el cual, con los demás, saltaron en el batel, y temiendo el peligro, quítanse de ruido y vanse huyendo a la carabela, que estaba de barlovento, que quiere decir hacia la parte de donde viene el viento, media legua. El almirante, creyendo que habían hecho lo que les había mandado, confiaba de por allí presto tener remedio pero cuanto ellos lo hicieron de malvadamente, lo hicieron de bien, fiel y virtuosamente los de la carabela, que no los quisieron recibir y les defendieron la entrada. Luego, a mucha prisa, los de la carabela saltaron en su barca y vinieron a socorrer al almirante y a remediar la nao; los otros vinieron aún después, con su confusión y vergüenza.

Antes que los unos y los otros llegasen, desque vio el almirante que huían dejándolo en tan gran peligro, y que las aguas menguaban y la nao estaba ya con la mar de través, no viendo otro remedio, mandó cortar el mástil y alijar de la nao todo cuanto pudieron, para la alivianar y ver si podían sacarla. Pero como las aguas menguaban de golpe, cada rato quedaba la nao más en seco, y así no la pudieron remediar; la cual tomó lado hacia la mar traviesa, puesto que la mar era poca por ser calma, con todo se abrieron los conventos, que son los vagos que hay entre costillas y costillas, y no se abrió la nao. Si viento o mar hubiera, no escapara el almirante ni hombre de los que con él quedaron, y si hicieran el maestre y los demás lo que les había mandado de echar el ancla por popa, cierto la sacaran, porque cada día se halla por experiencia ser éste, para el tal conflicto, el remedio

Si las otras carabelas no quisieron auxiliar a los náufragos, el rey Guacanagarí sí prestó apoyo a Colón

Estaba, de donde la nao se perdió, la población del rey Guacanagarí legua y media; llegados los cristianos y hecha relación al rey del caso acaecido, diz que mostró grandísima tristeza y casi lloró, y a mucha prisa mandó a toda su gente que tomasen cuantas canoas grandes y chicas tenía, que fuesen a socorrer al almirante y a los cristianos, y así, con maravillosa diligencia, lo hicieron. Llegaron las canoas e infinita gente a la nao; diéronse tanta prisa a descargar, que en muy breve espacio la descargaron. Fue, dice el almirante, admirable y tempestivo el socorro y aviamiento que el rey dio, así para el descargo de la nao como en la guarda de todas las cosas que se sacaban y ponían en tierra, que no faltase una punta de alfiler, como no faltó cosa chica ni grande. Y él mismo, con su persona y con sus hermanos, estaba poniendo recaudo con las cosas que se sacaban, y mandándolo tener a toda su gente que en ello entendía.

Como el almirante no se cansa de descubrir, encuentra ahora que los indios son grandes bailadores y fiesteros

Entretanto que él hablaba con el almirante, vino otra canoa de otro lugar o pueblo que traía ciertos pedazos de oro, los cuales quería dar por un cascabel, porque otra cosa tanto no deseaban. La razón era porque los indios desta isla, y aun de todas las Indias, son inclinadísimos y acostumbrados a mucho bailar, y para hacer son que les ayude a las voces o cantos que bailando cantan y sones que hacen, tenían unos cascabeles muy sutiles, hechos de madera muy artificiosamente, con unas pedrecitas dentro, los cuales sonaban, pero poco y roncamente. Viendo cascabeles tan grandes y relucientes y tan bien sonantes, más que a otra cosa se aficionaban, y cuanto quisiesen por ellos o cuanto tenían, curaban, por haberles, de dar; llegando cerca de la carabela, levantaban los pedazos de oro, diciendo: «Chuque, chuque, cascabeles», que querían decir: «Toma y daca cascabeles.»

Con los restos de la nave naufragada los españoles construyen su primer establecimiento en América Colón consigue cinco razones para dejar aquí una primera población

En este tiempo se determinó el almirante de dejar allí alguna gente por algunas razones: la primera y principal, por ver la felicidad; y frescura y amenidad de la tierra y la riqueza della, en haber hallado muestra tan grande y tan rica de haber en ella mucha cantidad de oro, y por consiguiente, poder en ella con tanta ventaja y prosperidad hacer grandes poblaciones de españoles y cristianos. La segunda, porque en tanto que él iba y tornaba de Castilla, ellos supiesen la lengua y hubiesen preguntado, inquirido y sabido los secretos de la tierra, los señores y reyes della y las minas del oro y metales otros, y si en ella había otras, más de las que él había ya visto, riquezas, y lo que él mucho estimaba también y creía haberlo, que era especiería. La tercera; por dejar en alguna manera prenda, porque los que oyesen en Castilla que habían quedado ciertos cristianos de su voluntad en esta isla, no temiesen la luenga distancia, ni los trabajos y peligros de la mar, aunque esto no era mucho necesario, porque con decir que había oro y tanto oro, aun al cabo del mundo, no temieran los de España irlo a buscar. La cuarta, porque como se le había perdido la nao, no pudieran tomar todos en la carabela, sino con gran dificultad. La quinta, por la voluntad que todos mostraban de quererse quedar, y los ruegos que sobre ello al almirante hacían, diciendo que se querían allí los primeros avecindar.

Los reyes indios agasajan a Colón e intercambian regalos

El domingo, 30 de diciembre, salió el almirante a comer a tierra y llegó a tiempo que habían entonces llegado cinco reyes, sujetos a este gran señor Guacanagarí, todos con sus coronas de oro en las cabezas, representando grande autoridad, en tanto grado, que dice el almirante a los reyes: «Vuestras Altezas hubieran mucho placer de ver la manera dellos. De creer es que el rey Guacanagarí los debía mandar venir para mostrar mejor su grandeza.» En llegando en tierra el almirante, le vino el rey a recibir y lo llevó del brazo a la casa de ayer, donde estaba puesto el estrado y sillas, en una de las cuales asentó al almirante con grande comedimiento y veneración, y luego se quitó su corona de la cabeza y púsola al almirante en la suya. El almirante se quitó del pescuezo un collar de buenos alaqueques y cuentas müy hermosas, de muy lindos colores, que parecieran en toda parte muy bien, y se lo puso a él, y se desnudó un capuz de fina lana, que aquel día se había vestido, y se lo vistió, y envió por unos borceguíes de color, que le hizo calzar. Púsole, más, una sortija o anillo de plata grande en el dedo, porque había sabido el almirante que habían visto a un marinero una sortija de plata, y que habían hecho mucho por ella. Y es verdad que toda cosa de metal blanco, fuese plata o fuese estaño, estimaban en mucho. Con estas joyas se halló el rey riquísimo y quedó el más alegre y contento del mundo.

Antes de partir, Colón hace buenas recomendaciones a quienes quedan como sus representantes. Pero no le hicieron caso

Eligió para quedar en aquesta tierra y en aquella fortaleza y villa de la Navidad, treinta y nueve hombres, los más voluntarios y alegres y de mejor disposición y fuerzas para sufrir los trabajos que entre los que allí consigo tenía, hallar pudo. Dejóles por capitán a Diego de Arana, natural de Córdoba, y escribano y alguacil con todo su poder cumplido, como él lo tenía de los Católicos reyes.

Y por si acaeciese aquél morir, nombró para que en el cargo le sucediese a un Pero Gutiérrez, repostero de estrados del rey, criado del despensero mayor, y si aquél también acaeciese morir, tomase y ejercitase su oficio Rodrido de Escobedo, natural de Segovia, sobrino de fray Rodrigo Pérez: debía ser fray Juan Pérez, el que arriba, en el cap. 20 dijimos que había sido, o era, confesor de la reina, que fue mucha parte para que este negocio aceptasen los reyes, sino que debe estar la letra mentirosa, que por decir fray Juan dice fray Rodrigo, o donde dice fray Rodrigo dice fran Juan. Dejó entre aquella gente un cirujano, que se llamaba maestre Juan, para curarles las llagas y otras necesidades a que su arte se extendiese. Dejó asimismo un carpintero de ribera, que es de los que saban hecer naos, y un calafate, y un tonelero, y un artillero o lombardero bueno y que sabía hacer en aquel oficio buenos ingenios. También les quedó un sastre; todos los demás eran buenos marineros. Proveyóles de bizcocho y vino y de los bastimentas que tenía, para su sustentar un año. Dejóles semillas para sembrar y todas las mercaderías y rescates, que eran muchos, que los reyes mandaron comprar, para que las trocasen y rescatasen por oro, y mucha artillería y armas con todo lo que traía la nao. Dejóles también la barca de la nao para con que pescasen y para lo que más les conviniese.

Lo primero, que considerasen las grandes mercedes que Dios a él y a todos hasta entonces les había hecho, y los bienes que les había deparado, por lo cual le debían dar siempre inmensas gracias, y se encomendasen mucho a su bondad y misericordia, guardándose de le ofender y poniendo en El toda su esperanza, suplicándole también por su tornada, la cual, con su ayuda, él les prometía de trabajar que fuese la más breve que pudiese ser, con la cual confiaba en Dios que todos serían muy alegres.

Lo segundo, que les rogaba y encargaba y les mandaba de parte de Sus Altezas, que obedeciesen a su capitán como a su persona misma, según de su bondad y fidelidad confiaba.

Lo tercero, que acatasen y reverenciasen muy mucho al señor y rey Guacanagarí y a sus caciques y principales o nitaínos y otros señores inferiores, y huyesen como de la muerte de no enojarlos ni desabridos pues habían visto cuánto a él y a ellos les debían, y la necesidad que les quedaba de traerlos contentos, quedando como quedaban en su tierra y debajo de su señorío; antes trabajasen y se desvelasen, con su dulce y honesta conversación, ganarle la voluntad, conservándose en su amor y amistad, de manera que él lo hallase tan amigo y tan favorable, y más, que lo dejaba, cuando volviese.

Lo cuarto, les mandó y rogó encarecidamente, que a ningún indio ni india hiciesen agravio ni fuerza alguna, ni le tomasen cosa contra su voluntad; mayormente, se guardasen y huyesen de hacer injuria o violencia a las mujeres, por donde causasen materia de escándalo y mal ejemplo para los indios e infamia de los cristianos, de los cuales tenían por cierta opinión que éramos enviados de las celestiales virtudes y todos venidos del cielo. Por cierto, en esto mucho más confió el almirante de los españoles de lo que debiera, antes se dejó engañar de su confianza, si creía que estas reglas habían de guardar; debiera ser que aún no los conocía, como después los conoció. Y no digo de los españoles solos, pero de cualquiera otra nación de las que hoy conocemos, según el mundo está, no debiera de confiar que habían de guardarlas, puesto que sola la cordura y prudencia debiera bastarles, aunque no temieran a Dios, quedando en tierras tan distantes y extrañas y entre gente que no conocían a Dios, para vivir de tal manera, que no decayeran de la estima en que eran reputados, casi por dioses, lo cual les fuera muy cierta y gananciosa granjería, hacer de los hipócritas viviendo según razón.

Lo quinto, les encargó mucho que no se desparciesen ni apartasen los unos de los otros, al menos uno ni dos distintos, ni entrasen en la tierra dentro, sino que estuviesen juntos hasta que él volviese; al menos no saliesen de la tierra y señorío de aquel rey y señor que tanto los amaba y tan bueno y piadoso les había sido.

Lo sexto, animólos mucho para sufrir su soledad y poco menos que destierro, aunque lo escogían por su voluntad, y que fuesen personas virtuosas, fuertes y animosas para sostener los trabajos que se les ofreciesen, poniéndoles delante las angustias del viaje pasadas, y cómo Dios al cabo los consoló con el alegría de la vista de la tierra, y después con las riquezas que se descubrían cada día más de oro, y que nunca las cosas grandes suelen sino con trabajos grandes alcanzarse; las cuales, después de pasadas, lo que por ellas se alcanza suele ser tenido por más precioso, y cuanto mayor fue la dificultad y la vía y medios más penosos, tanto causan mayor el gozo.

Lo séptimo, dejóles encomendado que cuando viesen que convenía, rogasen al rey que enviase con ellos algunos indios por la mar en sus canoas y algunos dellos se fuesen en la barca, como que querían ir a ver la tierra, por la costa o ribera de la mar arriba, y mirasen si descubriesen las minas del oro, pues les parecía que lo que les traían venía de hacia el Leste, que era aquel camino arriba, y allí les señalaban los indios nacer el oro, y juntamente mirasen algún buen lugar donde se pudiese hacer una villa, porque de aquel puerto no estaba contento al almirante. Item, que todo el oro que pudiesen buena y discretamente rescatar, lo rescatasen, porque cuando volviese, hallasen cogido y allegado mucho.

Lo octavo y último, les certificó y prometió de suplicar a los reyes les hiciese mercedes señaladas, como en la verdad el servicio, si así como él se lo dejó encomendado lo hicieran, merecía, y que ellos verían cuán cumplidamente por los reyes Católicos eran galardonados, y con el favor de Dios, por él, con su tomada, consolados. Porque bien podía creer que no estimaba en poco dejarlos por prenda de su vuelta, y por consiguiente, la memoria dellos no se había de quitar de su ánima noches y días, antes había de ser muy urgente estímulo para darse mayor prisa en todo lo que pudiese acelerar el despacho de su venida.

Cómo el almirante se va, una sirena sale a despedirlo

Miércoles, 9 de enero, levantó las velas con viento Sudeste, navegó al Lesnordeste, llegó a una punta que llamó Punta Roja, que está al Leste de Monte-Christi 60 millas, donde surgió. Todas las tierras que por allí veía eran tierras altas y llanas, muy lindas campiñas y muchas riberas de agua, y a las espaldas dellas hermosos montes, todos verdes y labrados, que de su hermosura se maravillaba. Tiene razón, porque aquella tierra que veía era parte de la vega maravillosa, de la cual se dirán después maravillas, y parte de otra vega muy graciosa que está hacia la costa de la mar. Tomaron tortugas grandes, como grandes rodelas, que venían a desovar en tierra. Vio el almirante el día pasado tres sirenas, según dice, que salieron bien alto de la mar, pero no eran tan hermosas como las pintan, las cuales en alguna manera tenían forma de hombre en la cara; dijo que otras veces las había visto en la costa de Guinea, donde se coge la manegueta.

También como despedida, ocurre la primera pelea entre españoles e indios

Mandó dar de comer al indio y diole unos pedazos de paño verde y colorado y contezuelas de vidrio; mandó que lo llevasen en la barca a tierra. Salidos en tierra, estaban entre unos árboles obra de cincuenta y cinco indios, desnudos, con sus cabellos muy largos, según está dicho, como mujeres en nuestra Castilla; traían sus penachos de plumas de papagayos, y cada uno con su arco. Salido el indio que fue a la nao en tierra, hizo que los otros dejasen los arcos y flechas y una espada de tabla de palma, que es durísima y muy pesada, hecha desta forma:[4] no aguda, sino chata, de cerca de dos dedos en gordo de todas partes, con la cual, como es dura y pesada como hierro, aunque tenga el hombre un capacete en la cabeza, de un golpe le hundirán los cascos hasta los sesos.

Aquellos indios se llegaron a la barca, y la gente della cristiana salió en tierra; comenzáronles a comprar los arcos y flechas y las otras armas, porque el almirante así lo había ordenado. Vendidos dos arcos, no quisieron dar más, antes se aparejaron para arremeter a los cristianos y prenderlos, sospechando, por ventura, que de industria los cristianos les compraban las armas para después dar en ellos. Y parece bien, porque arremetieron luego, casi arrepisos y proveyendo al instante peligro, a tomar sus arcos y flechas donde los tenían apartados y tomaron ciertas cuerdas o sogas como para atar los cristianos. Viéndolos venir denodados, los españoles, que pocos desean ser mártires, que no dormían, dan con ímpetu en ellos, y alcanzó uno dellos a un indio una gran cuchillada en las nalgas, y a otro, por los pechos, una saetada.[5] Visto por experiencia los indios que las armas de los cristianos eran otras que las suyas, y que en tan poco tiempo tanto efecto hacían, y así que podían en la burla ganar poco, aunque los cristianos no eran sino siete y ellos cincuenta y tantos, dieron a huir todos, que no quedó alguno, dejando uno aquí las flechas y otro acullá el arco; mataran los españoles muchos dellos, como sean tan piadosos, si no lo estorbara el piloto que iba por capitán dellos. Y ésta fue la primera pelea que hubo en todas las Indias,

---

4 Hay aquí un dibujo en el manuscrito original.
5 Nota marginal de Las Casas: «La primera pelea que hubo entre cristianos e indios, en que hubiese heridos, en todas las Indias».

y donde hubo derramada sangre de indios, y es de creer que murió el de la saetada, y aun el de las nalgas desgarradas no quedaría muy sano entre indios y cristianos. Buenas, aunque chicas, primicias fueron estas de la sangre que dellos por cristianos fue después derramada.

Otra vez en el inmenso mar sobreviene el miedo de una tempestad y se hacen promesas, si se salvan

Después desto, fatigándolos más el miedo y angustia de la mar, el almirante y toda la gente hicieron voto de que si los llegase a tierra, en la primera salir todos en camisa y procesión a hacer oración y darle gracias en una iglesia que fuese de la invocación o nombre de Nuestra Señora la Virgen María. Y porque la tormenta crecía y ninguno pensaba escapar, allende los votos comunes, cada uno hacía en especial su voto, según la devoción que Dios le infundía;

Poco a poco se van acercando a Europa

Viernes, salido el Sol, 15 de febrero, vieron tierra por delante, a la parte del Lesnordeste, y, como suele cada día acaecer entre los marineros, que por maravilla en la cuenta de las leguas y en el reconocer las tierras concuerdan, unos decían que era la isla de la Madera, otros, que era la roca de Sintra, en Portugal, junto a Lisboa; pero el almirante, a quien Dios había puesto en este viaje por guía, se hallaba estar con las islas de los Azores, y creía ser aquella tierra una dellas, como fue verdad, puesto que los pilotos ya navegaban por la tierra de Castilla. Estarían 5 leguas de la tierra que veían; ésta, en la verdad, era la isla de santa María, que es una de las de los Azores. Andaba la mar siempre altísima, y el almirante y todos con su angustia, dando muchos bordos, que son vueltas de una parte a otra, que no se hace sin grandes trabajos y peligros cuando la mar es tormentosa, y esto hacía por alcanzar alguna parte de la tierra, que ya se conocía ser isla.

Han llegado sanos y salvos a Lisboa, Colón escribe al rey de Portugal y explica que viene de las Indias, no de África

Lunes, de mañana, en amaneciendo, que se contaron 4 días de marzo, reconocieron la tierra, que era la roca de Sintra, que es junto con la boca del río y puerto de Lisboa, donde, forzado por huir de tanto peligro y tormenta como siempre hacía, determinó de entrar en el puerto, porque aún no pudo parar en la villa de Cascaes, que está en la entrada y boca del río Tejo. Entrados un poco dentro, echó las anclas, dando todos infinitas gracias a Dios que los había escapado de tan grande y tan cierto peligro. Venían los de aquel pueblo a congratularse con ellos y daban loores al Señor que los había librado, teniendo por maravilla haberse escapado; dijéronles que, desque le vieron en el peligro que venían, toda aquella mañana hicieron plegarias y suplicaciones a Dios por ellos.

A la hora de tercia vino a pasar a Restelo dentro del río de Lisboa, donde supo de la gente de la mar que jamás habían visto invierno de tan recias y desaforadas tormentas, y que se habían perdido en Flandes veinticinco naos, y otras estaban allí, que salir no habían podido. Luego escribió al rey de Portugal que estaba en el valle del Paraíso, nueve leguas de Lisboa, cómo los reyes de Castilla, sus señores, le habían mandado que no dejase de entrar en los puertos de Su Alteza a pedir lo que hubiese menester por sus dineros, y que le suplicaba le mandase dar licencia para ir con la carabela a la ciudad de Lisboa, porque algunos hombres de mal vivir, pensando que traía mucho oro, estando en puerto despoblado, no se atreviesen a hacerle alguna fuerza y agravio, y también porque supiese que no venía de Guinea, que el rey celaba mucho, de las Indias.

Al comprender lo ocurrido, todo es admiración
Publicado en Lisboa que el almirante había descubierto y venía de las Indias, vino tanta gente a verlo y a ver los indios, que fue cosa de admiración, y las maravillas que todos hacían, dando gracias a Nuestro Señor, diciendo que, por la gran fe que los reyes de Castilla tenían y deseo de servirle, la Divina Majestad les concedía tan señaladas mercedes.

Miércoles y jueves siguientes creció más la gente que vino de la ciudad, y entre ella muchos caballeros y los hacedores del rey. Todos se admiraban y no sabían con qué palabras engrandecer las obras de

Dios, porque conocían ser gran bien y honra y acrecentamiento de la cristiandad; los cuales todos atribuían tomar Dios por medio destos bienes a los reyes de Castilla, porque Sus Altezas ocupaban y ejercitaban sus personas con grandes trabajos para dilatar y sublimar la cristiana religión. El viernes recibió el almirante una carta del rey de Portugal, con un caballero que se llamaba don Martín de Noroña, por la cual le rogaba que se llegase a donde él estaba, pues el tiempo no hacía para irse con la carabela; lo cual el almirante no quisiera hacer, pero, por mostrar confianza y evitar sospecha, húbolo de admitir. Aquella noche fue a dormir a Sacanben, donde le hicieron grande honra y acogimiento y le recrearon muy bien por mandado del rey, que tenía proveído que a él y a su gente y a la carabela proveyesen sus hacedores y oficiales de todo lo que hubiesen menester, graciosamente, sin llevarle dineros algunos, y que se hiciese todo lo que el almirante quisiese, copiosamente.

PERO EL AGASAJO SE CONVIERTE EN CONFLICTO: EL REY DE PORTUGAL RECLAMA COMO SUYO EL HALLAZGO DE ESTA RUTA DESCONOCIDA Y DE ESTE MUNDO PRESENTIDO

Entre las ofertas que hacía el rey y alegría que mostraba por haber salido con tan buen fin el viaje, díjole que le parecía, según las capitulaciones que había entre los reyes de Castilla y él, que aquella conquista pertenecía antes a Portugal que no a Castilla. Respondió el almirante que no había visto las capitulaciones tratadas entre los reyes, sus señores, y Su Alteza, ni sabía otra cosa sino que los reyes le habían mandado que no fuese a la Mina, ni en toda Guinea, y que así se había mandado apregonar en todos los puertos del Andalucía, antes que para ir el viaje partiese. El rey graciosamente respondió que tenía él por cierto que no habría en esto menester terceros; pero, cierto, si fueran menester, como después parecerá, y el rey hablaba con cautela y cumplimientos, y debíale estar dentro el corazón rabiando por haber perdido tal empresa, como estuvo en su mano, y entonces debía imaginar de estorbar cuanto pudiese, que se cegase el camino por el almirante descubierto, para que Castilla no quedase con las Indias, y no sé si le hubiera sido a Castilla mejor, como por el discurso desta historia se verá. Diole por huésped al prior de Crato, que era la principal persona que allí estaba, del cual el almirante recibió muy señalado tratamiento y muchas honras y favores.

Record mundial del siglo XV: primer rey europeo que tiene el honor de ver a un americano con sus propios ojos

No dice aquí el almirante, en su libro desta primera su navegación, que llevase consigo algunos indios para que los viese el rey; lo cual cierto parece cosa semejante de verdad, que consigo llevase algunos indios, pues el rey estaba tan cerca y la cosa era tan nueva y admirable y que a todo el mundo admiró, y venían los de toda la comarca por ver los indios, gente desnuda, nunca otra semejante imaginada poder ser en todo el orbe.

Tampoco cuenta el almirante palabras que el rey dijo, y cosa que hizo ante él harto señalada; pero como en el tiempo cuando era reciente aquesta historia desde descubrimiento y vuelta por Portugal y vista del almirante con el rey de aquel reino, se platicaba entre los que entonces vacábamos en esta isla Española a curiosidad haber acaecido, esto que ahora diré teníamos por cierto el rey de Portugal haber dicho y hecho: Mandó, pues, el rey, estando hablando con el almirante, disimuladamente traer un escudilla de habas y ponerla en una mesa que tenía cabe sí, y por señas mandó a un indio de aquéllos que con aquellas habas pintase o señalase aquellas tantas islas de la mar de su tierra que el almirante decía haber descubierto. El indio, muy desenvueltamente y presto; señaló esta isla Española y la isla de Cuba y las islas de los Lucayos y otras cuya noticia tenía. Notando el rey con morosa consideración lo que el indio había señalado, casi como con descuido deshace con las manos lo que el indio había significado. Desde a un rato, mandó a otro indio que señalase y figurase con aquellas habas él, las tierras que sabía que había por aquella mar, de donde Cristóbal Colón los traía. El indio, con diligencia y como quien en pronto lo tenía, figuró con las habas lo que el otro había figurado, y por ventura añadió muchas más islas y tierras, dando como razón de todo en su lengua (puesto que nadie lo entendía), lo que había pintado y significado. Entonces el rey, conociendo claramente la grandeza de las tierras descubiertas, y las riquezas que en ella haber ya imaginaba, no pudiendo encubrir el dolor grande que dentro de sí tenía y fuera disimulada por la pérdida de cosas tan inestimables, que por su culpa se le habían salido de las manos, con gran voz e ímpetu de ira contra sí, dase una puñada en los pechos, diciendo: «¡Oh, hombre de mal conocimiento!, y ¿por qué dejaste de la mano empresa de tan gran importancia?»; estas u otras semejantes palabras.

Colón vuelve a España después de 225 días de ausencia
Otro día, viernes, que se contaron 15 de marzo, al salir del Sol, se halló sobre Saltes, y a hora de mediodía, con la marea, entró por la barra de Saltes hasta dentro del puerto, de donde había partido, viernes también, a 3 de agosto del año pasado de 1492; por manera que tardó en el viaje y descubrimiento de las Indias seis meses y medio, que por días contados fueron 225 días, no uno más ni uno menos; y así dice y concluye el almirante, que acababa ahora la escritura de su navegación y naval itinerario, salvo, dice él, que estaba de propósito de ir a Barcelona, por la mar, donde tenía nuevas que Sus Altezas estaban, para les hacer relación de todo su viaje, que Nuestro Señor le había dejado hacer y le quiso alumbrar en él.

¿Qué significa para la humanidad haber hallado un nuevo continente? Responde fray Bartolomé

Lo primero: ¿a qué se podrá comparar en las cosas humanas haber abierto las puertas tan cerradas deste mar Océano, que, o nunca jamás por ellas ninguno a entrar se atrevió, o si en los siglos pasados alguno las vio y por ellas entró, estaba ya este camino tan cerrado y tan puesto en olvido, que no menos dificultad hubo en tomarlo a proseguir, que hubiera si nunca de alguna persona antes hubiera sido visto? Pero, pues parece que Dios, antes de los siglos, concedió a este hombre las llaves deste espantosísimo mar, y no quiso que otro abriese sus cerraduras oscuras, a éste se le debe todo cuanto destas puertas adentro ha sucedido y cuanto sucediere en todo género de bondad, de aquí a que el mundo se haya de acabar. Descubrir por su persona y abrir y enseñar el camino para que se descubran tan largas y felices tierras, tan ínclitos y ricos reinos, que hay hoy descubiertas de costa de mar, que mira a ambos polos, sobre 12.000 leguas de tierra tan llenas de gentes, tan diversas e infinitas naciones, tan varias y distintas lenguas, las cuales todas, aunque en algunas y muchas cosas, ritos y costumbres difieran, al menos en esto son todas o casi todas conformes, conviene a saber: en ser simplicísimas, pacíficas, domésticas, humildes, liberales, y, sobre todas las que procedieron de Adán, sin alguna excepción, pacientísimas; dispuestas también incomparablemente y, sin algún impedimento, para ser traídas al conocimiento y fe de su Criador. De donde parece cuánto se podrá extender este imperio y principado de Jesucristo, cuánto se dilatará su santa Iglesia, cuán extendidos serán los límites de la cristiana religión, en cuántas y cuán infinitas partes y de cuántas y cuán innumerables racionales criaturas será adorada y reverenciada la bandera e instrumento principal con que fuimos redimidos, digo la santa Vera Cruz.

Bartolomé de las Casas explica el significado espiritual de haber puesto América ante los ojos de Colón

No es razón dejar de hacer mención del más sublimado beneficio con que Dios dotó y engrandeció, sobre los otros reinos cristianos, a toda España, de que Cristóbal Colón fue segunda causa, conviene a saber, que le eligió, entre todos los que confiesan su nombre, para ofrecerle tan cierta y santa ocasión y tan copiosa materia, en la cual no solamente letrados, ni grandes letrados en Teología, ni elocuentes y graciosos predicadores y que tienen oficio y estado de predicar, puedan ser medianeros y coadjutores de Jesucristo en la conversión de tan numerosos cuentos de infieles, pero los idiotas plebeyos y que poco saben, con que tengan firme fe y alguna noticia de los artículos de la Fe y diez mandamientos de la ley de Dios, con buen ejemplo de vida cristiana, pueden alcanzar suerte y lugar de santos apóstoles, si merecieren recibir del Muy Alto tan buena voluntad, que de ayudar a coger estas espirituales riquezas en estas tierras, principalmente se contentasen, según la simplicidad, mansedumbre y libertad o carencia de impedimentos que podían obviar al recibimiento de la fe de todas estas universas naciones. Por esta razón deberían mirar y temer profundamente todos los españoles que este don tan preclaro, negado a todas las otras cristianas gentes y concedido a solos ellos, es muy poderoso talento, del cual y de la usura que con él eran obligados al Dador del retornar, el día del juicio y aun de su muerte, se les pedirá estrecha y muy delgada cuenta; y cuán rigurosa será, por lo que abajo se refiere, bien claro parecerá. De todos estos tan egregios e incomparables bienes, y de otros innumerables que cada día se ven salir y más adelante muchos más se conocerán, fue causa segunda, después de Dios, y primera por respecto de todos los hombres del mundo, este dignísimo varón, primer descubridor desde tan dilatado, ya nombrado Nuevo Mundo, del cual él solo ser primer almirante dignamente mereció.

Desde Barcelona, los reyes de España escriben a Colón
«El rey y la reina.—Don Cristóbal Colón, nuestro almirante de la mar Océana y visorrey y gobernador de las islas que se han descubierto en las Indias; vimos vuestras letras y hubimos mucho placer en saber lo que por ellas nos escribisteis, y de haberos dado Dios tan buen fin en vuestro trabajo y encaminado bien en lo que comenzasteis, en que El será mucho servido y nosotros asimismo y nuestros reinos recibir tanto provecho. Placerá a Dios que, demás de lo que en esto le servís, por ello recibáis de Nos muchas mercedes, las cuales creed que se vos harán como vuestros servicios y trabajos lo merecen. Y porque queremos que lo que habéis comenzado con el ayuda de Dios se continúe y lleve adelante, y deseamos que vuestra venida fuese luego, por ende, por servicio nuestro, que deis la mayor prisa que pudiereis en vuestra venida, porque con tiempo se provea todo lo que es menester. Y porque, como veis, el verano es entrado, y no se pase el tiempo para la ida allá, ved si algo se puede aderezar en Sevilla o en otras partes para vuestra tomada a la tierra que habéis hallado. Y escribidnos luego con ese correo que ha de volver presto, porque luego se provea cómo se haga, en tanto que acá vos venís y tornáis; de manera que cuando volviereis de acá, esté todo aparejado. De Barcelona, a treinta días de marzo de noventa y tres años.—Yo el rey.—Yo la reina.—Por mandado del rey y de la reina. Fernandálvarez.» En el sobrescrito decía: «Por el rey y la reina, a don Cristóbal Colón, su almirante del mar Océano y visorrey y gobernador de las islas que se han descubierto en las Indias.»

Colón emprende camino hacia la corte y los pueblos se vuelcan en la ruta para saludarlo

Despachado el correo, don Cristóbal Colón, ya almirante, con el mejor aderezo que pudo, se partió de Sevilla llevando consigo los indios, que fueron siete los que le habían quedado de los trabajos pasados, porque los demás se le habían muerto; los cuales yo vi entonces en Sevilla y posaban junto al arco que se dice de las Imágenes, a san Nicolás. Llevó papagayos verdes, muy hermosos y colorados, y guaizas, que eran unas carátulas hechas de pedrería de huesos de pescado, a manera puesto de aljófar y oro, y unos cintos de lo mismo, fabricado por artificio admirable, con mucha cantidad y muestras de oro finísimo y otras muchas cosas, nunca otras antes vistas en España ni oídas. Despachóse de Sevilla con los indios y con lo demás; como comenzó la fama a volar por Castilla que se habían descubierto tierras que se llamaban las Indias, y gentes tantas y tan diversas y cosas novísimas, y que por tal camino venía el que las descubrió y traía consigo de aquella gente, no solamente de los pueblos por donde pasaba salía el mundo a lo ver, pero muchos de los pueblos, del camino por do venía remotos, se vaciaban y se henchían los caminos para irlo a ver y adelantarse a los pueblos a recibir.

Isabel y Fernando lo reciben con honores
Entró, pues, en la cuadra donde los reyes estaban, acompañado de multitud de caballeros y gente nobilísima, entre todos los cuales, como tenía grande y autorizada persona, que parecía un senador del pueblo romano, se señalaba, su cara veneranda, llena de canas y de modesta risa, mostrando bien el gozo y gloria con que venía. Hecho grande acatamiento primero, según a tan grandes príncipes convenía, levantáronse a él como a uno de los señores grandes, y después, acercándose más, hincadas las rodillas, suplicales que le den las manos; rogáronse a se la dar, y besadas, con rostros letísimos,[6] mandáronle levantar, y lo que fue suma de honor y mercedes de las que Sus Altezas solían a pocos grandes hacer, mandáronle traer una silla y asentar ante sus reales presencias.

---

6   Muy alegres (latinismo).

En recompensa, el papa hace de Isabel y Fernando reyes católicos y les da poder completo, en nombre de Dios, sobre todas estas tierras nuevas, desconocidas para Europa

Y porque más libremente y con más autoridad este cuidado y carga tomasen a sus cuestas y mejor pudiesen efectuar, y como en cosa en alguna manera propia trabajasen con esperanza de haber algún temporal interés (que es lo que suele dar ánimo y aviva la voluntad, especialmente donde se han de ofrecer trabajos, dificultades y gastos de gran cantidad, y también porque ninguno milita a su costa y estipendio, como dice san Pablo), de su *proprio motu* y mera liberalidad apostólica, constituyó y crió a los dichos Católicos reyes y a sus sucesores de Castilla y León, príncipes supremos, como emperadores soberanos, sobre todos los reyes y príncipes y reinos de todas estas Indias; islas y tierras firmes, descubiertas y por descubrir, desde 100 leguas de las islas de los Azores y las de Cabo Verde, hacia el Poniente, por el cabo de aquellas 100 leguas imaginada una línea o raya, que comience del Norte y vaya hacia el Sur, por todo aqueste orbe. Añadió cierta condición: que se entienda con tanto que hasta el día del nacimiento de Nuestro Redentor de 1492 años inclusive, cuando fueron las dichas tierras descubiertas por el susodicho descubridor Cristóbal Colón, por mandado y favor y expensas de los dichos Católicos reyes de Castilla y León. Don Hernando y doña Isabel, no hubiesen sido por algún otro cristiano rey o príncipe actualmente poseídas, porque en tal caso, no fue intención del Vicario, de Cristo, como ni debe ser, quitar ni perjudicar el tal derecho adquirido y acción a quien, de los cristianos príncipes, antes pertenecía. Y así la Sede Apostólica concedió y donó y asignó a los dichos señores reyes y a sus herederos y sucesores, la jurisdicción y autoridad suprema sobre todas las ciudades, villas y castillos, lugares, derechos, jurisdicciones, con todas sus pertenencias, cuanto fuese y sea necesario para la predicación e introducción, ampliación y conservación de la fe y religión cristiana y conversión de los vecinos y moradores naturales de todas aquestas tierras, que son los indios. Finalmente, todo aquello les concedió, donó y asignó, que el Sumo Pontífice tenía, y dar, conceder y asignar podía.

Para agradecer sus hazañas, los reyes confirman a Colón sus privilegios y a sus hermanos hacen nobles

Y porque quisieron ser y parecer, de tan gran servicio como les había hecho, agradecidos, y para cumplir con lo que con él habían puesto y asentado y prometido, mandáronle confirmar todo el dicho asiento y privilegios y mercedes que le habían concedido en la capitulación que sobre ello se hizo en la ciudad de santa Fe, teniendo cercada los reyes la ciudad de Granada, antes que el almirante fuese a descubrir; porque no fue otra cosa, sino un contrato que los reyes hicieron con él, prometiendo él de descubrir las dichas tierras, y los reyes dándole cierta suma de maravedís para lo que para el viaje había menester, y prometiéndole tales y tales mercedes, si él cumpliese lo que prometía. Cumplió lo que prometió, y los reyes confirmáronle las mercedes que le habían prometido.

Constituyeron los Católicos reyes a dos hermanos, que el almirante tuvo, nobles y caballeros, y diales facultad y privilegio que los llamasen dones. El uno fue don Bartolomé Colón, que después crearon adelantado de todas las Indias, como abajo se dirá, y el otro se llamó don Diego Colón, asaz bien conocidos míos.

Destino de los indios americanos llevados a Europa

Y, pocos días antes que de Barcelona se partiese, los reyes mandaron que se bautizasen los indios que había traído, que ya estaban bien instruidos en las cosas de la fe y cristiana doctrina, en la cual los reyes mandaron, luego como llegaron, fuesen enseñados, y en ello se pusiese mucha diligencia, los cuales de su propia voluntad pidieron el bautismo. Quisieron los católicos príncipes ofrecer a Nuestro Señor las primicias de aquesta gentilidad con mucha fiesta, solemnidad y aparato, favoreciéndolas y honrándolas con su real presencia; para efecto de lo cual, quisieron ser padrinos el rey Católico y el serenísimo príncipe don Juan, hijo de Sus Altezas, legítimo heredero de los reinos de Castilla. Uno de los cuales quiso el príncipe que quedase en su casa en su servicio, el cual, desde a pocos días, se lo llevó Dios para sí, porque tomase posesión el primero, según piadosamente se debe creer, de la bienaventuranza que muchos destas naciones habían después; por la divina misericordia, de alcanzar y para siempre poseer.

Proveyeron los reyes cómo las gentes destas tierras fuesen instruidas en las cosas de nuestra fe, para lo cual enviaron con el almirante un fraile de san Benito, que debía ser notable persona, y, según se dijo, llevó cumplido poder del Papa en las cosas espirituales y eclesiásticas; y mandaron al almirante que llevase consigo religiosos. Mandaron también estrechamente que los indios fuesen muy bien tratados y, con dádivas y buenas obras, a nuestra religión cristiana provocados, y que si los españoles los tratasen mal, fuesen bien castigados. Esto parece por la instrucción que le dieron, que fue de cristianísimos príncipes, principalmente ordenada al bien y utilidad de los vecinos y moradores naturales de aquestas tierras.

Tras un breve intervalo, Colón organiza su segundo viaje

Llegado a Sevilla el almirante, puso mucha diligencia en su despacho, porque no veía la hora de llegar a aquestas tierras, que descubiertas dejaba, en especial a esta isla Española. Lo uno, por ver los treinta y nueve hombres que dejó en la fortaleza en la tierra del rey Guacanagarí y consolarlos; lo otro, por cumplir los deseos de los reyes y hacerles más servicios y enviarles todas las riquezas que haber pudiese, para mostrar el gran agradecimiento y obligación en que sentía que les era por las muchas honras y favores y mercedes que de Sus Altezas había recibido. Y, cierto, nunca dél otra cosa yo sentí ni creí, ni de alguna persona que estuviese fuera de pasión entendí que el contrario sintiese, y a todo lo que yo conjeturar pude, antes, si algún defecto en él hubo, fue querer más de lo que convenía contentar a los reyes por escudarse de los contrarios, muchos y duros, que después tuvo.

Así que, juntado con el arcediano don Juan de Fonseca, a quien los reyes cometieron la solicitud y despacho de aquella flota, recibieron allí ambos provisión de los reyes don Hernando y doña Isabel, dándoles poder y facultad para tomar todos los navíos que fuesen menester para el viaje, aunque estuviesen fletados para otras partes, vendidos o fletados, pagándolos, con que lo hiciesen con el menor daño de los dueños que se pudiese hacer, y también para que constriñese a cualesquiera oficiales de cualesquiera oficios, para que fuesen en la armada, pagándoles su sueldo y salario razonable.

Desta manera, en breves días se aparejaron en la bahía y puerto de Cádiz diecisiete navíos grandes y pequeños y carabelas muy bien proveídas y armadas de artillería y armas, de bastimentas, de bizcocho, de vino, de trigo, de harina, de aceite, de vinagre, de quesos, de todas las semillas, de herramientas, de yeguas y algunos caballos y otras muchas cosas de las que acá podían multiplicar y los que venían aprovecharse. Trajo muchas arcas y rescates y mercaderías para dar a los indios, graciosas, de parte de los reyes, y para conmutar o trocar, que llaman rescatar, por oro y otras riquezas de las que los indios tuviesen.

Donde se cuenta quien era el descubridor Alonso de Hojeda

Vinieron asimismo un Alonso de Hojeda, mancebo cuyo esfuerzo y ligereza se creía entonces exceder a muchos hombres, por muy esforzados y ligeros que fuesen, de aquellos tiempos. Era criado del duque de Medinaceli, y después, por sus hazañas, fue muy querido del obispo don Juan de Fonseca susodicho y le favorecía mucho. Era pequeño de cuerpo, pero muy bien proporcionado y muy bien dispuesto, hermoso de gesto, la cara hermosa y los ojos muy grandes, de los más sueltos hombres en correr y hacer vueltas y en todas las otras cosas de fuerzas que venían en la flota y que quedaban en España. Todas las perfecciones que un hombre podía tener corporales parecía que se habían juntado en él, sino ser pequeño.

Antes de volver a América juran lealtad. Vienen pocos religiosos en esta travesía
Todos los cuales juraron sobre un crucifijo y un misal, e hicieron pleito y homenaje de ser leales y obedientes a los reyes, y al almirante en su nombre, y a sus justicias, y mirar por la hacienda real; lo mismo juraron todos los que entonces vinieron, grandes y chicos, cada uno según su calidad.

Personas religiosas y eclesiásticas, para predicar y convertir estas gentes vinieron muy pocos; frailes, solos los que arriba dije, porque no sentí que viniesen otros; clérigos, tres o cuatro, o porque no se ofrecían ni había personas voluntarias por la incertidumbre y gran distancia destas tierras, y poco conocimiento que dellas se tenía, o por la poca diligencia que en buscarlos y persuadidos se puso, o por el poco fervor y celo que a la salud destas tan infinitas ánimas entonces había en el mundo, pues, al sonido del oro, o por curiosidad de ver estas tierras (y esto creo que fue lo que menos movió), tantos se ofrecieron a venir aquel viaje.

¿Tenía Colón algún secreto muy secreto con los reyes?
Cuando se partió de Barcelona el almirante, dejó a los reyes un libro; no pude saber qué libro fuese, sino que presumo que debía ser donde tenía colegidas muchas cosas secretas de los antiguos autores, por las cuales se guiaba, o el libro de toda su navegación y rumbos o caminos que había llevado y traído en aquel su descubrimiento y primer viaje, para que se sacase un traslado que quedase en los archivos reales, y después de trasladado quedaron de enviárselo. Por este libro los reyes y las personas que de su consejo llamaban, colegían más firmeza y daban más crédito a las cosas que el almirante les afirmaba y mayores las que habían de suceder esperaban.

Y porque los embajadores de Portugal mucho insistían en los conciertos y en impedir el camino segundo del almirante, y por otra parte, los reyes eran informados que el rey de Portugal tenía en pie todavía su armada, los reyes los entretenían cuanto convenía y daban prisa en el despacho del almirante y juntamente de todo lo que se hacía le avisaban, y, finalmente, la respuesta que llevaron los embajadores fue que ellos enviarían los suyos al rey sobre ello.

En América por segunda vez descubre nuevas islas: Dominica Guadalupe, presiente estar cerca de tierra firme, pero falta mucho para probar su intuición

Domingo, 3 días de noviembre, ya que amanecía, vieron tierra toda la flota con harto regocijo y alegría de todos, como si se les abrieran los cielos. Esta tierra era una isla, a la cual puso nombre la Dominica, porque la descubrió día de domingo. Luego vio otra isla a la mano derecha de la Dominica. Luego vieron otra, y así comenzaron a parecer muchas. Dan todos infinitas gracias a Dios, cantan la Salve regina luego, como la suelen cantar en los navíos cuando navegan, a prima noche. Comienzan a salir olores de las flores de las islas, de que se maravillaban todos. Ven infinitos papagayos verdes, que andan juntos como en su tiempo los zorzales, con mucha grita que siempre van dando. Juzgaban que desde la Gomera, en 21 días que la Dominica vieron, hasta 750 leguas, o pocas más habrían andado.

No pareció haber puerto en la Dominica por la parte del Levante, y por esto atravesó el almirante a otra isla, que fue la segunda a que puso nombre, y fue Marigalante, porque la nao en que iba el almirante así se llamaba. Salió allí en tierra con gente de su nao y tomó posesión jurídica por los reyes de Castilla y León ante todos, y autorizóla con fe de escribano.

Partió de allí otro día, lunes, y vio otra gran isla, y a ésta puso nombre Guadalupe, a la cual se llegaron, y hallando puerto, surgieron o echaron anclas, y mandó que fuesen ciertas barcas a tierra, y ver un poblezuelo que parecía en la costa junto a la mar, donde no hallaron a nadie, porque como vieron los navíos, huyeron todos los vecinos dél a los montes. Allí hallaron los primeros papagayos que llaman guacamayas, tan grandes como gallos, de muchas colores, y lo más es colorados, poco azul y blanco. Estos nunca chirrían ni hablan, sino de cuando en cuando dan unos gritos desgraciados, y solamente se hallan en Tierra Firme en la costa de Paria y por allí adelante. Hallaron en las casas un madero de navío, que llaman los marineros codaste, de que todos se maravillaron, y no supieron imaginar cómo hubiese allí venido, sino que los vientos y los mares lo hubiesen allí traído, o de las islas de Canaria o de la Española, de la nao que allí perdió el almirante el primer viaje.

Martes, 5 días del mes de noviembre, mandó el almirante salir dos barcas a tierra para ver si pudiesen tomar alguna persona, para saber los secretos de la gente y de la tierra y para si le diesen nueva qué tan lejos estaban de la isla Española. Trajeron dos mancebos, y por señas hicieron entender al almirante que no eran de aquella isla, sino de Boriquen, y ésta es la que ahora llamamos la isla de san Juan. Afirmaban, cuanto ellos podían con manos y ojos y meneos mostrar y con gestos de amargos ánimos, que los de aquella isla eran caribes, y que los habían preso y traído de Boriquen para los comer, como lo solían acostumbrar. Tomaron las barcas por ciertos cristianos que se habían quedado, y hallaron con ellos seis mujeres que venían huidas de los caribes a ellos, por se escapar. El almirante, no creyéndolo y por no alterar la gente de la isla, dio a las indias cuentas y cascabeles y espejos y otras cosas de rescate y tómolas a enviar a tierra, las cuales los caribes despojaron de las cosas que les había dado el almirante, a vista de los de las barcas. Tornando las barcas por agua, tornaron las mujeres a huirse con otros dos muchachos y un mozo, y rogaron a los cristianos que las llevasen a las naos. Dellas se coligió haber por allí muchas otras islas y tierra grande, que parecían significar tierra firme, y nombraban a cada una por su nombre. Preguntóseles también por señas por la isla Española, que en lengua della y de las comarcas se llamaba Haití, la última sílaba aguda; señalaron a la parte donde caía, y aunque el almirante, por su carta de su descubrimiento primero, el}tendía y podía ir derecho allá, pero holgóse de oír dellas el paraje donde le demoraba.

Las once mil vírgenes, que no eran tantas, y Borinquen, hoy Puerto Rico

El domingo siguiente, que se contaron 10 días de noviembre, mandó levantar las anclas y dar las velas, y fue costeando la misma isla de Guadalupe, la vía del Norueste, en busca de la Española, y llegó a una isla muy alta, y nombróla Monserrate, porque parecíale que tenía la figura de las peñas de Monserrate. Y de allá descubrió cierta isla muy redonda, tajada por todas parte, que sin escalas o cuerdas echadas de arriba, parece que es imposible subir a ella, y por esto púsole nombre santa María la Redonda. A otra llamó santa María del Antigua, que tenía 15 o 20 leguas de costa. Parecían por allí otras muchas islas hacia la banda del Norte, muy altas y de grandes arboledas y frescuras. Surgió en una, a la cual llamó san Martín, y cuando alzaban las anclas, salían pegados a las uñas dellas pedazos de coral, según les parecía; no dice el almirante si era blanco o colorado.

El jueves, 14 de noviembre, surgió en otra isla que llamó santa Cruz. Mandó allí salir en tierra gente y que tomasen algunas personas para tomar lengua; tomaron cuatro mujeres y dos niños, y a la vuelta con la barca toparon una canoa, dentro de la cual venían cuatro indios y una india, los cuales, visto que no podían huir, se comenzaron a defender y la india también como ellos, y tiraron sus flechas e hirieron dos cristianos de los de la barca, y la mujer pasó con la suya un adarga. Embistieron con la canoa y trastornáronla; tomáronlos, y uno dellos, no perdiendo su arco, nadando tiraba los flechazos tan reciamente, poco menos que si estuviera en tierra. Uno déstos vieron que tenía cortado su instrumento generativo; creían los cristianos que para que engordase mejor, como capón, y después comerlo los caribes. Desde allí, andando el almirante su viaje para la Española, vio muchas islas juntas que parecían sin número; a la mayor dellas puso nombre santa Ursula y a todas las otras las Once mil Vírgenes. Llegó de allí a otra grande, que llamó de san Juan Batista, que ahora llamamos de san Juan, y arriba dijimos que llamaban Boriquen los indios.

Avistada la isla La Española, Colón envía como su mensajero a un indio viajado por Europa

Viernes, a 22 del mismo mes de noviembre, tomó el almirante la primera tierra de la isla Española, que está a la banda del Norte, y de la postrera de la isla de san Juan obra de 15 leguas, y allí hizo echar en tierra un indio de los que traía de Castilla, encargándole que induciese a todos los indios de su tierra, que era la provincia de Samaná, que estaba de allí cerca, al amor de los cristianos, y contase la grandeza de los reyes de Castilla y las grandes cosas de aquellos reinos; él se ofreció de lo hacer, con muy buena voluntad. Después no se supo deste indio más: creyóse que se debía morir.

A recibirlo, el rey Guacanagarí manda mensajeros. Comienza a sospechar lo que pasó con los españoles que quedaron en la isla

A la entrada del puerto de la Navidad surgió con los navíos, miércoles, a 27 de noviembre; hacia la media noche, vino una canoa llena de indios y llegó a la nao del almirante y preguntaron por él, diciendo: «¡almirante, almirante!»; respondiéronles que entrasen, que allí estaba. Ellos no quisieron hasta que el almirante se paró al bordo, y desque lo conocieron, que era harto bien conocible por su autorizada persona, luego entraron en la nao dos dellos y danle sendas carátulas, que llamaban guaizas, muy bien hechas y con algún oro, como arriba fue dellas dicho, presentándoselas de parte del rey Guacanagarí con grandes encomiendas, las que pudieron significar. Preguntándoles el almirante por los cristianos, que era lo que le dolía, respondieron que algunos eran muertos de enfermedad, y otros se habían ido la tierra dentro con sus mujeres y aun con muchas mujeres. Bien sintió el almirante que debían ser todos muertos, pero disimuló por entonces y tornólos a enviar, dándoles un presente de bacinetas de latón, que siempre tuvieron en mucho, y otras menudencias que habían de agradar al señor Guacanagarí, y también a ellos dio cosas con que se fueron alegres, luego aquella noche.

En busca del fuerte de la natividad, en donde habían quedado los primeros colonos

Andando por allí buscando escrituras u otras cosas, de que pudiesen haber lengua de lo que había pasado, vino un hermano del rey Guacanagarí con algunos indios que ya sabían hablar y entender nuestra lengua algo, y nombraban por su nombre todos los cristianos que en la fortaleza quedaron, y también por lengua de los indios que traía de Castilla el almirante, en especial uno, a quien puso por nombre Diego Colón que yo conocí harto, diéronle nuevas y relación de todo el desastre. Dijeron que luego que el almirante se partió dellos, comenzaron entre sí a reñir y tener pendencias y acuchillarse y tomar cada uno las mujeres que quería y el oro que podía haber y apartarse unos de otros; y que Pedro Gutiérrez y Escobedo mataron a un Jácome, y aquéllos con otros nueve se habían ido con las mujeres que habían tomado y sus hatos, a la tierra de un señor que se llamaba Canabo, que señoreaba las minas (y creo que está corrupta la letra, que había de decir Caonabo, señor y rey muy esforzado de la Maguana, de quien hay bien que decir abajo), el cual los mató a todos diez u once. Dijeron más, que después de muchos días vino el dicho rey Caonabo con mucha gente a la fortaleza, donde no había más de Diego de Arana, el capitán, y otros cinco que quisieron permanecer con él para guarda de la fortaleza, porque todos los demás se habían desparcido por la isla, y de noche puso fuego a la fortaleza y a las casas donde aquéllos estaban, porque no estaban por ventura en la fortaleza, los cuales, huyendo hacia la mar, se ahogaron. El rey Guacanagarí salió a pelear con él por defender los cristianos; salió malherido, de lo que no estaba sano.

Esto concordó con la relación que trajeron otros cristianos, que el almirante había enviado por otra parte a saber nuevas de los treinta y nueve cristianos, y llegaron al pueblo principal de Guacanagarí, el cual vieron que estaba malo de las heridas susodichas, por lo cual se excusó que no pudo venir a ver al almirante y darle cuenta de lo sucedido después que se partió para Castilla; y que la muerte dellos había sido, porque luego que el almirante se fue comenzaron a rifar y a tener discordias entre sí, tomaban las mujeres a sus maridos e hijas a sus padres, iban a rescatar oro cada uno por sí. Juntáronse ciertos vizcaínos contra los otros, y así se dividieron por la tierra, donde los mataron por sus culpas y malas obras; y esto es cierto, que si ellos estuvieran juntos estando en la tierra de Guacanagarí y so su protección y no exarcerbaran los vecinos tomándoles sus mujeres e hijas, que es con lo que más se injurian y agravian, como dondequiera, nunca ellos perecieran.

 Envió a rogar Guacanagarí al almirante con aquellos cristianos, que le fuese a ver, porque él no salía de su casa por aquella indisposición. El almirante fue allá, el cual, con rostro muy triste, contó al almirante todo lo que dicho es, mostrando sus heridas y de mucha de su gente, que en aquella defensa habían sido heridos, y bien parecían las heridas ser de las armas que los indios usaban, que eran las tiraderas, como dardos, con un hueso de pescado por punta. Pasada la plática, hizo un presente al almirante de ochocientas cuentas menudas de piedra, que ellos preciaban mucho y las llamaban cibas, y ciento de oro, y una corona de oro y tres calabacillas, que llamaban hibueras, llenas de granos de oro, que todo pesaría hasta cuatro marcos, que eran doscientos castellanos o pesos de oro. El almirante dio a Guacanagarí muchas cosas de las nuestras de Castilla, como cuentas de vidrio y cuchillos y tijeras, cascabeles, alfileres, agujas, espejuelos, que valdría todo hasta cuatro o cinco reales, y con ello pensaba Guacanagarí que quedaba muy rico. Quiso acompañar al almirante a donde tenía su real, hiciéronle muy gran fiesta, donde se regocijó mucho, admirándose de los caballos y de lo que los hombres hacían con ellos. Dice aquí el almirante que entendió allí que uno de los treinta y nueve que dejó, había dicho a los indios y al mismo Guacanagarí algunas cosas en injuria y derogación de nuestra santa fe, y que le fue necesario rectificarle en ella, y le hizo traer al cuello una imagen de Nuestra Señora, de plata, que antes no había querido recibir. Dice más aquí el almirante, que aquel padre fray Buil y todos los demás quisieran que lo prendiera, mas ni lo quiso hacer, aunque dice que bien pudiera, considerando que, pues los cristianos eran muertos, que la prisión del rey Guacanagarí ni los podía resucitar ni enviar al Paraíso, si allá no estaban. Y dice que le pareció que aquel rey debía ser acá como los otros reyes entre los cristianos, que tienen otros reyes parientes a quien con su prisión injuriara, y que los reyes le enviaban a poblar, en lo que tanto habían gastado, y que seria impedimiento para la población, porque le saldrían de guerra y no dejarle asentar pueblo, y mayormente sería gran estorbo para la predicación y conversión a nuestra santa fe, que era a lo que principalmente los reyes lo enviaban. Por manera que, si era verdad lo que Guacanagarí decía, hiciérale gran injusticia, y toda la tierra lo tuviera en odio y rencor con todos los cristianos, teniendo al almirante por ingrato del gran bien que había recibido de aquel rey en el primer viaje, y más en defenderle los cristianos con riesgo suyo, como sus heridas lo testificaban. Y finalmente quería primero poblar, y que después de poblado y hecho en la tierra fuerte, sabida la verdad, podría castigarlo, si lo hallase culpado, etc. Estas son las razones que, para no seguir el parecer de los que le aconsejaban prenderle, dio el almirante y fue harta prudencia la suya, más que la del parecer contrario.

Pero Colón no ceja: decide fundar un pueblo europeo en estas costas

En este asiento comenzó a fundar un pueblo o villa, que fue la primera de todas estas Indias, cuyo nombre quiso que fuese la Isabela, por memoria de la reina Doña Isabel, a quien él singularmente tenía en gran reverencia y deseaba más servirle y agradarle que a otra persona del mundo. Dice aquí el almirante que después de haber asentado allí daba infinitas gracias a Dios por la buena disposición que para la población por aquel sitio hallaba. Y tenía razón, porque hubo por allí muy buena piedra de cantería y para hacer cal, y tierra buena para ladrillo y teja y todos buenos materiales, y es tierra fertilísima y graciosísima y bienaventurada. Por este aparejo diose grandísima prisa y puso suma diligencia en edificar luego casa para los bastimentos y municiones del armada, e iglesia y hospital, y para su morada una casa fuerte, según se pudo hacer; y repartió solares, ordenando sus calles y plaza, y avecindáronse las personas principales y manda que cada uno haga su casa como mejor pudiere. Las casas públicas se hicieron de piedra; las demás cada uno hacía de madera y paja y como hacerse podía.

 Mas como la gente venía fatigada de tan largo viaje, y no acostumbrado, de la mar, y luego, mayormente la trabajadora y oficiales mecánicos, fueron puestos en los grandes trabajos corporales de hacer las obras y edificios susodichos y materiales para ellos, y la tierra, de necesidad, por la distancia tan grande que hay en España hasta aquí y mudanza de los aires y diferentísimas regiones los había de probar, puesto que ella en sí es de su naturaleza sanísima, como arriba queda dicho en el cap.,[7] a lo cual se allegó la tasa de los bastimentas, que todos se daban por estrecha orden y medida, como cosa que se traía de España, y que de los de la tierra, por ser tan diferentes de los nuestros, mayormente el pan, no había esperanza que por entonces a ellos se arrostrase, comenzó la gente a tan de golpe caer enferma, y por el poco refrigerio que había para enfermos, morir también muchos dellos, que apenas quedaba hombre de los hidalgos y plebeyos, por muy robusto que fuese, que de calenturas terribles enfermo no cayese; porque a todos era igual casi el trabajo, como podrán bien adivinar todos aquellos que saben qué cosa sea, en especial en estas tierras, poblar de nuevo, lo cual en aquel

---

7 En blanco en el manuscrito original.

tiempo, sin ninguna comparación, más que en otro ni en otra parte fue laborioso. Sobreveníales a sus males la gran angustia y tristeza que concebían de verse tan alongados de sus tierras y tan sin esperanza de haber presto remedio, y verse defraudados también del oro y riquezas que se prometió a sí mismo, al tiempo que acá determinó pasar, cada uno.

No se escapó el almirante de caer como los otros en la cama, porque como por la mar solían ser sus trabajos incomparables, mayormente de no dormir, que es lo que más en aquella arte se requiere que tengan los que llevan oficios de pilotos, y el almirante no solo llevaba sobre sí cargo de piloto, como quiera y como los pilotos suelen llevar en las navegaciones a donde muchas veces han ido, pero en tal como ésta, en aquel tiempo tan nueva y tan nunca otra vista ni oída y que ninguno la sabía sino él, y por consiguiente, sobre sus hombros iba el cuidado de toda la flota y que todos los otros pilotos habían de llevar, y sin esto lo mucho que ya más le iba que a todos, teniendo suspenso a todo el mundo, que esperaban cómo había de responder la cosa comenzada; que cierto no era menos, sino antes más y mayor, la obligación que de satisfacer a los reyes de Castilla y a toda la cristiandad tenía, como mayores prendas se hubiesen ya metido, así de gastos como de gente, que la del primer viaje. Así que todas estas consideraciones que pasaban cada hora por su pensamiento le compelían a que fuese mártir por la mar; y sin duda sus cuidados, vigilias, solicitud, temores, trabajos y angustias no creo que se podrían comparar; de donde necesariamente se había de seguir caer en grandes enfermedades, como abajo parecerá.

Parten para España unos navíos a llevar noticias frescas y oro
Hecha relación larga de la tierra, y del estado en que quedaba, y dónde había poblado, para los reyes Católicos, y enviándoles la muestra del oro que Guacanagarí le había presentado y la que Hojeda había traído e informándoles de todo lo que vio ser necesario, despachó a los doce navíos dichos, poniendo por capitán de todos ellos al susodicho Antonio de Torres, hermano del ama del príncipe don Juan, a quien entregó el oro y todos sus despachos. Hiciéronse a la vela a 2 días de febrero del año de 1494. Alguno dijo que envió con estos navíos a un capitán que se decía Gorvalán, pero no es así, lo cual vi, como está dicho, en una carta del mismo almirante para los reyes, cuyo traslado tuve yo en mi poder escrito de su propia mano.

Bernal de Pisa protagoniza la primera rebelión española en América

Partidos los navíos para España, y el almirante de su indisposición y enfermedad mejorado, acordando de salir a ver la tierra, en especial la provincia de Cibao, porque estando enfermos algunos de los descontentos y trabajados, quisieron hurtar o tomar por fuerza los cinco navíos que quedaban o alguno dellos, para se volver a España, cuyo movedor diz que había sido un Bernal de Pisa, alguacil de corte, a quien los reyes habían hecho merced del oficio de contador de aquesta isla, puesto quel almirante, no pudiéndosele la rebelión encubrir, echó preso al Bernal de Pisa y mandólo poner en una nao para enviarlo a Castilla con el proceso de lo que había ordenado y a los demás mandó castigarlos; por esta causa mandó poner toda la munición y artillería y cosas más necesarias de la mar, de los cuatros navíos, en la nao capitana, y puso en ella personas de buen recaudo de quien se fiaba, porque no pudiesen atreverse a alzarse con ellas hallándolas a mal recaudo.

Y ésta fue la primera rebelión que en estas Indias fue intentada, aunque luego, antes que se perfeccionase, fue apagada. También parece haber sido el origen de la contradicción que el almirante y sus sucesores siempre tuvieron de los que los reyes proveían en estas tierras por sus oficiales, los cuales le hicieron, como se verá, grandísimos daños. Hallóse a este Bernal de Pisa una pesquisa escondida dentro de una boya (que es un palo muy grueso que se echa con una cuerda, para que se sepa dónde está el ancla, por si se le rompiere el cable) hecha contra el almirante, y no sé yo qué podía el almirante haber cometido o agravios hecho en tan pocos días, que no había dos meses que en la tierra estaba. Asimismo de los castigos, que quizá por esto hizo en los que por esta conjuración halló culpados, comenzó la primera vez a ser tenido por riguroso juez y delante de los reyes y casi en todo el reino por insufrible y cruel infamado, de lo cual yo bien me acuerdo, aunantes que pasase a estas partes ni conociese al almirante, por tal en Castilla publicarse. Y dado que no he visto los castigos que entonces hizo para certificarlos, pero he leído cartas suyas escritas a los reyes, excusándose del rigor de la justicia que le imponían, de donde colijo que algún castigo debiera en aquéllos de haber ejecutado; y en la verdad, digno era de gran castigo aquel delito, siendo el primero y de tan mala y peligrosa especie y así muy grave.

Pero como los delincuentes, por gravemente que ofendan, querrían del todo de las penas que merecen escaparse, cuando se las ejecutan escuéceles, y siempre sus causas justifican y repútanse por agraviados. Volviendo al propósito, puesto recaudo en los cinco navíos y dejado cargo de la gobernación a don Diego, su hermano, con personas que en ella le aconsejasen y ayudasen, escogió toda la más gente y más sana que le pareció que había de pie y de caballo, y trabajadores, albañiles y carpinteros y otros oficiales, con las herramientas e instrumentos necesarios, así para probar a sacar oro, como para hacer alguna casa fuerte donde los cristianos se pudiesen defender si los indios intentasen algo. Salió de la Isabela con toda su gente cristiana y con algunos indios del pueblo que había junto a la Isabela, miércoles, a 12 de marzo de 1494 años, y por poner temor en la tierra y mostrar que si algo intentasen eran poderosos para ofenderles y dañarles los cristianos, a la salida de la Isabela mandó salir la gente en forma de guerra, con las banderas tendidas y con sus trompetas, y quizá disparando espingardas, con las cuales quedarían los indios harto asombrados; y así hacía en cada pueblo al entrar y salir, de los que en el camino hallaba.

Fundación de la fortaleza de Santo Tomas. Por primera vez se cultiva la cebolla son encontrados unos misteriosos huevos de piedra

Llegó desta hecha el almirante hasta distar de la Isabela 18 leguas; halló y descubrió por allí, según él dice en una carta que escribió a los reyes, muchos mineros de oro y uno de cobre y otro de azul fino y otro de ámbar y algunas maneras de especiería. Déstas no sabemos que haya otras sino la pimienta, que llamaban los indios de esta isla ají. El azul fue poco y el ámbar también; el oro, cierto, ha sido mucho; y como viese que cuanto más dentro de Cibao entraba, más áspera tierra y dificilísima de andar, mayormente para los caballos, se le ofrecía, porque no se pueden encarecer las sierras y altura y aspereza dellas que Cibao tiene, deliberó de hacer por allí donde estaba una casa fuerte, para que los cristianos tuviesen refugio y señoreasen aquella tierra de las minas, y escogió un sitio alegrísimo en un cerro, casi poco menos que cercado de un admirable y fresquísimo río, no muy grande río; el agua dél parece destilada, el sonido de sus raudales a los oídos suavísimo, la tierra enjuta, desabahada, airosa, que puede causar toda alegría. Llámase Janique aqueste río, y de donde no se ha sacado mucho oro, pero está en medio y comarca de muchos ríos ricos.

Allí mandó edificar una casa de madera y tapias muy bien hecha, y por la parte que no la cercaba el río, cercóla de una cava, que, para contra indios, la casa o torre era fortísima. Al pie del asiento de esta fortaleza está un llano gracioso, que los indios llamaban sabana, en la cual, algunos años después de despoblada, hice y tuve yo, viviendo en otro estado, una heredad o labranza; y de un pequeño arroyo que estaba de cara de la fortaleza y que entraba en el dicho río Janique, hice coger algún oro. Este arroyelo hace a la entrada del río una isleta de muy fértil y gruesa tierra, en la cual se hicieron entonces, de la semilla que aquellos primeros cristianos sembraron, traída de Castilla, las primeras cebollas de toda esta isla Española. Puso nombre a esta fortaleza el almirante la fortaleza de santo Tomás, dando a entender que la gente que no creía que en esta isla hubiese oro, después que lo vio con los ojos y palpó con sus mismas manos, había creído, como arriba se tocó.

De una cosa hubo admiración el almirante y los que con él estaban, conviene a saber, que, abriendo los cimientos para esta fortaleza, y haciendo la cava, cavando hondo bien un estado, y aun rompiendo a partes alguna peña, hallaron unos nidos de paja, como si hubiera pocos años que allí hubieran sido puestos, y, cómo por huevos, entre ellos, había tres o cuatro piedras redondas, casi como unas naranjas, de la manera que las pudieran haber hecho para pelotas de lombardas. Bien podía ser que la virtud mineral hubiese convertido los huevos en aquellas piedras, y ellas después haber crecido y los huevos estuviesen dentro dellas, por la misma virtud mineral, conforme a lo que arriba, en el cap. 6, trajimos de Alberto Magno, puesto que, según se puede colegir de Alberto Magno, las piedras no crecen, porque no viven, pero según otros, sí.

Como no tienen que comer y están flacos y enfermos, el almirante obliga a los españoles a trabajar y se gana muchos enemigos

Sábado, 29 días de marzo, llegó el almirante a la Isabela, donde halló toda la gente muy fatigada, porque de muertos o enfermos pocos se escapaban, y los que del todo estaban sanos, al menos estaban de la poca comida flacos, y cada hora temían venir al estado de los otros; y que no vinieran, solo el dolor y compasión que habían de ver la mayor parte de todos en tan extrema necesidad y angustia era cosa triste, llorosa e insufrible.

Tantos más caían enfermos y morían, cuanto los mantenimientos eran menos y las raciones dellos más delgadas; éstas se adelgazaban más de día en día, porque, cuando los desembarcaron, se hallaron muchos dañados y podridos; la culpa desto cargaba el almirante, o mucha parte della, a la negligencia o descuido de los capitanes de los navíos. También los que restaron, con la mucha humedad y calor de la tierra, menos que en Castilla sin corrupción se detenían.

Y porque ya se acababa el bizcocho y no tenían harina sino trigo, acordó hacer una presa en el río grande de la Isabela para una aceña y algunos molinos, y dentro de una buena legua no se hallaba lugar conveniente para ellos; y porque de la gente de trabajo y los oficiales mecánicos los más estaban enfermos y flacos y hambrientos y podían poco, por faltarles la fuerza, era necesario que también ayudasen los hidalgos y gente del Palacio o de capa prieta, que también hambre y miseria padecía, y a los unos y a los otros se les hacía a par de muerte ir a trabajar con sus manos, en especial no comiendo; fuele necesario al almirante añadir al mando violencia, y a poder de graves penas, constreñir a los unos y los otros para que las semejantes obras públicas se hiciesen.

De aquí no podía proceder sino quede todos, chicos y grandes, fuese aborrecido, de donde hubo principio y origen ser infamado ante los reyes y en toda España de cruel y de odioso a los españoles, y de toda gobernación indigno, y que siempre fuese descreciendo, ni tuviese un día de consuelo en toda la vida, y finalmente, desta semilla se le originó su caída. Por esta causa debió de indignarse contra él aquel padre, que dizque venía por legado, fray Buil, de la orden de san Benito, o porque, como hombre prelado y libre le reprendía los castigos que en los hombres hacía, o porque apretaba más la mano el almirante en el repartir de las raciones de los bastimentas, que debiera, según al fray Buil parecía, o porque a él y a sus criados no daba mayores raciones como se las pedían. Y como ya fuese a todos o a los más, por las causas susodichas, odioso, en especial al contador Bernal de Pisa, y así debía de ser a los otros oficiales y caballeros, que más autoridad en sí mismos presumían que tenían, a todos los cuales sobre todo creo yo que desplacía la tasa de los bastimentas, como parece por las disculpas que el almirante a los reyes, en sus cartas, de sí traía, que como muchos le importunaron en Castilla que los trajese consigo, y ellos trajesen más criados de los que podían mantener, no dándoles las raciones tantas o tan largas como las quisieran, consiguiente cosa era que los había en ello, quien había de cumplir con tantos, de desabrir.

La visita de unos fantasmas descabezados

Por esta causa, muchos tiempos en esta isla Española se tuvo por muchos ser cosa averiguada no osar, sin gran temor y peligro, pasar alguno por la Isabela después de despoblada, porque se publicaba ver y oír de noche y de día los que por allí pasaban o tenían que hacer, así como los que iban a montear puercos (que por allí después hubo muchos), y otros que cerca de allí en el campo moraban, muchas voces temerosas de horrible espanto, por las cuales no osaban tomar por allí. Díjose también públicamente y entre la gente común al menos se platicaba y afirmaba, que una vez, yendo de día un hombre o dos por entre aquellos edificios de la Isabela, en una calle, aparecieron dos rengleras, a manera de dos coros de hombres, que parecían todos como gente noble y del Palacio, bien vestidos, ceñidas sus espaldas y repozados con tocas de camino, de las que entonces en España se usaban. Y estando admirados aquel o aquellos a quien esta visión parecía cómo habían venido allí a aportar gente tan nueva y ataviada, sin haberse sabido en esta isla dellos nada, saludándolos y preguntándolos cuándo y de dónde venían, respondieron callando, solamente, echando mano a los sombreros para los resaludar, quitaron juntamente con los sombreros las cabezas de sus cuerpos, quedando descabezados, y luego desaparecieron. De la cual visión y turbación quedaron los que los vieron casi muertos y por muchos días penados y asombrados.

Donde se cuentan las malas acciones de Alonso de Hojeda y sus nefastas consecuencias en el trato con los indios

Miércoles, 9 de abril del mismo año de 1494, salió de la Isabela Alonso de Hojeda con la gente, que pasarían de cuatrocientos hombres, y en llegando que llegó al río, y pasado de la otra parte, que el almirante había puesto nombre Río del Oro, que arriba dijimos ser Mao, a lo que conjeturamos, porque sabemos muy bien aquella tierra y cuántos y cuáles ríos tiene, y cómo se llamaban en lengua de indios, como, placiendo a Dios, abajo se nombrarán, prendió Hojeda al cacique y señor del pueblo, que allí estaba, y a un hermano y sobrino suyo, y presos, en cadenas, los envió a la Isabela, al almirante. Hizo más, que a un indio, vasallo del dicho cacique y señor, mandó cortar las orejas en medio de la plaza de su pueblo. La causa de hacer esta obra diz que fue porque viniendo tres cristianos de la dicha fortaleza para la Isabela, el dicho cacique les dio cinco indios que les pasasen la ropa por el vado, y al medio del río los dejaron y volviéronse con ella a su pueblo, y diz que el cacique no los castigó por ello, antes la ropa se tomó para sí. Estaba otro pueblo desta otra parte del río, y el cacique y señor dél, como vio que llevaban presos a aquel señor, su vecino, y a su hermano y a su sobrino, quísose ir con ellos a rogar al almirante que no les hiciese mal, confiando que había hecho muy buenas obras cuando el almirante pasó, y antes cuando Hojeda también, y que el almirante recibiría sus ruegos. Llegados los presos a la Isabela y él con ellos, mandó el almirante que los presos llevasen a la plaza, y con voz de pregonero les cortasen las cabezas. ¡Hermosa justicia y sentencia para comenzar en gente tan nueva ser amados los cristianos, para traerlos al conocimiento de Dios, prender y atar a un rey y señor en su mismo señorío y tierra, y pared y medio della, condenarlo a muerte y a su hermano y sobrino, por una cosa en que quizá ninguna culpa tuvieron, y ya que la tuviesen, siendo tan leve y habiendo de preceder mil comedimientos y justificaciones primero! También, ¿cómo se pudo averiguar, prendiéndolos luego como Hojeda llegó, y no sabiendo cosa ninguna de la lengua, que el cacique tuviese la culpa y su hermano y sobrino, que no fuesen inocentes? Lo mismo fue gentil ejecución de justicia la que hizo en presencia del mismo cacique y en su pueblo y señorío, cortando las orejas al vasallo ajeno, Hojeda; ¡buenas nuevas cundirían de la mansedumbre y bondad de los cristianos por toda la tierra! Así que, como vio el otro cacique que llevaban al señor, su vecino, y quizá su padre, o hermano y pariente, a la muerte, con muchas lágrimas rogaba al almirante que no lo hiciese, prometiendo por señas, en cuanto él podía dar a entender, que nunca más otro tanto se haría. Condescendió el almirante a sus ruegos y alcanzóles la vida en esto llegó uno de caballo que venía de la fortaleza, y dio nueva cómo pasando por el pueblo del cacique preso, sus vasallos tenían en mucho aprieto cercados, para matar, a cinco cristianos, y él con su caballo los descercó y le huyeron más de cuatrocientos indios; fue tras ellos e hirió algunos, y yo no dudo sino que habría otros muertos. También se derramaría por toda la tierra buen rumor y buena fama de los cristianos, que un poco antes estimaban haber descendido del cielo.

Esta fue la primera injusticia, con presunción vana y errónea del hacer justicia, que se cometió en estas Indias contra los indios, y el comienzo del derramamiento de sangre, que después tan copioso fue en esta isla (como abajo parecerá, placiendo a Dios), y después désta en todas las otras infinitas partes dellas. Ya desde este día ninguna duda se puede tener por hombre que tenga buen seso, sino que aquel cacique y su pueblo tenía justo título y derecho para contra los cristianos mover y sostener justa guerra. Y este derecho comenzaban los indios de aquel pueblo justamente contra los cinco cristianos a ejercer, pues veían que les habían llevado su rey y señor a la Isabela, preso. Quisieron, por ventura, prenderlos, porque, por haberlos el almirante, creían ser en su señor restituidos.

¿Qué título o qué derecho o qué razones tan necesarias que los convenciese, les podía haber dado el almirante cuando llegó a su pueblo, en obra de dos o tres horas que estuvo en él, mayormente los unos ni los otros no se entendiendo, para que no creyese el cacique que le hacía muy buena obra en dejarle pasar por su tierra y hacerle, como le hizo, buen recibimiento, entrando en ella sin pedirle licencia, mayormente siendo los cristianos gente tan nueva y de su vista primera feroz, y entrando en modo de armado ejército y con caballos, animales tan fieros, que en viéndolos les temblaban las carnes, creyendo que los habían de sorber?, lo cual, en la verdad, injuria que se le hizo fue, y no hay gente hoy en el mundo ni la hubo entonces que por injuria no la tuviera, y de iure gentium resistir y vengar o castigar por derecho natural no la pudiera y debiera. ¿Y que no se estimara también por superior suyo y de los cristianos que traía, y a quien había de ocurrir Hojeda que le hiciera justicia del indio que del medio del río, con la ropa de los cristianos, afirmaba que se les había vuelto, y no hacerse juez supremo en tierra y jurisdicción ajena, y, lo peor y gravísimo que es, prender al mismo señor y rey, y, estando seguro y pacífico y en su señorío, jurisdicción, casa y tierra, que fue hacer más atroz y feo el crimen, echarle en cadenas?

Colón organiza un consejo para gobernar la villa de Isabela, que habría de convertirse en el primer puerto, astillero, almacén y aduana del comercio con España

Así que, por cumplir el mando de Sus Altezas y ejercitar el apetito inclinación que Dios le había dado, y para lo que le había escogido, determinó el almirante de se despachar para descubrir. Y para dejar la gobernación de los españoles ordenada, y lo demás que tocaba a los indios desta isla, según la estima y opinión que dellos para sujetarlos tenía, instituyó un consejo de las personas que de mayor prudencia y ser y autoridad le pareció, entre las cuales puso a su hermano don Diego Colón por presidente. Las personas fueron: el dicho padre fray Buil, que se dijo tener poder del Papa, como su legado, y Pero Hernández Coronel, alguacil mayor, y Alonso Sánchez de Carvajal, regidor de Baeza, y Juan de Luján, de los caballeros de Madrid, criado de la casa real; a estos cinco encomendó toda la gobernación, y a mosén Pedro Margarite, que con la gente que tenía, que eran, como dije, cuatrocientos hombres, anduviese y hollase y sojuzgase toda la isla; dando a todos sus instrucciones, según que mejor por entonces le pareció que para el servicio de Dios y de Sus Altezas (como él dice hablando dello), convenía.

El descubrimiento de Jamaica los indios se resisten

Y porque los indios que llevaba el almirante consigo (que era, a lo que yo creo, un Diego Colón, de los que el viaje primero había tomado en la isla de Guanahaní y lo había llevado a Castilla y vuelto, el cual después vivió en esta isla muchos años conversando con nosotros) hacían mucho caso señalando hacia la parte donde estaba la isla de Jamaica, afirmando que había mucho oro (y creo, cierto, que es la que llamaban el viaje primero Babeque, que tantas veces la nombraban, pues que no veo que aquí el almirante haga mención de Babeque), así que acordó el almirante dar una vuelta hacia el Sudeste, tomando parte del Sur, sábado, 13 de mayo, y el domingo luego la vio, y el lunes llegó a ella y surgió, aunque no en puerto. Desque la vio, dice el almirante, que le pareció la más hermosa y graciosa de cuantas hasta entonces había descubierto; eran sin número las canoas grandes y chicas que venían a los navíos.

El lunes procuró de buscar puerto, yendo la costa abajo, y, como enviase las barcas para que sondasen (esto es echar la plomada para ver cuántas brazas tiene el fondo) las entradas de los puertos, salieron muchas canoas llenas de gente armada para les defender la tierra y que en ella no saltasen, como gente prudente, que de ley natural pueden defender su tierra de cualquiera gente no conocida, hasta ver quién es o qué es lo que pretende, porque cada una república o persona particular puede temer y proveer en el daño que le puede venir de gente nueva o personas que no conoce, como Josef, con razón pudo decir a sus hermanos, como a gente de otro reino, extraña, y fingiendo que no la conocía, «vosotros espías debéis de ser deste reino de Egipto para ver lo más flaco dél, etc.», como parece en el Génesis, cap. 42. Por esta razón se hicieron leyes por los emperadores, que los romanos no fuesen osados, aunque fuese con títulos de llevar mercaderías a tierra de persas, con quien no tenían paz ni que hacer, y la razón de la ley asígnase en ella: «porque no parezca o se diga que los romanos son espías o especuladores de los reinos extraños.» Así lo dice la ley *Mercatores, Codex de mercatoribus et comercii.* Así que, visto por los que iban en las barcas que los indios venían denodados para los impedir que no saltasen en tierra, y con armas, tomáronse a los navíos en su paz.

De allí fue a otro puerto, al cual nombró Puerto Bueno, y como saliesen asimismo los indios con sus armas a resistir la entrada a los de las barcas, diz que porque, mostrando temor los cristianos, sería causa que tuviesen mayor atrevimiento, acordaron de darles tal refriega de saetadas con las ballestas, que habiéndoles herido seis o siete (y Dios sabe cuántos más serían los heridos y muertos), que tuvieron por bien de cesar de la resistencia, y vinieron de las comarcas gran número de canoas llenas de indios a los navíos, pacíficos y humildes.

Este fue otro yerro no chico; cierto, mejor fuera por otras vías darles a entender cómo no iban a hacerles mal ni daño, o por señas o enviándoles de los indios que en los navíos llevaban, como muchas veces se aseguraron en muchos lugares de Cuba y desta isla Española y de las de los Lucayos, en el primer viaje, como en diversos capítulos arriba ha parecido, que no matar ni herir, ni quebrar por ninguna manera con ellos; y cuando no pudieran por todas vías, eran obligados a irse a otra parte y dejarlos, porque los indios tenían justo título y justicia para defender su tierra de toda gente, y nunca se ha de hacer mal alguno, por chico que sea, por fin que dél hayan de salir cuan grandes bienes los hombres pretendieren. Cuanto más, que ya se tenía larga experiencia de la bondad y pacabilidad de los indios, cuán fáciles eran de aplacar y contentar, dándoles razón o señales de que no venían a hacerles algún perjuicio, aunque al principio se ponían, de puro miedo, en resistir la entrada. Traían aquí de sus bastimentas y de lo que tenían, y lo daban a los cristianos por cualquiera cosa que les daban. En este puerto se adobó el navío del almirante de un agua que hacía por la quilla. Era este puerto de la forma de una herradura; puso nombre a esta isla de Jamaica, el almirante, Santiago.

Colón se propone destruir a los indios caníbales pero sufre de insomnio y después de modorra

Dice el almirante en una carta que escribió a los reyes, que traía propósito deste viaje ir a las islas de los caníbales para las destruir; pero como habían sido tan grandes y tan continuos los trabajos y vigilias, de noche y de día, sin una hora de descanso, que había padecido en este descubrimiento de Cuba y Jamaica, y rodear esta Española hasta llegar a esta isleta de la Mona, en especial cuando andaba entre las muchas isletas y bajos cercanas a Cuba, que nombró el Jardín de la reina, donde anduvo treinta y dos días sin dormir sueño, que salido de la Mona, y ya que llegaba cerca de la isla de san Juan, súbitamente le dio una modorra pestilencial, que totalmente le quitó el uso de los sentidos y todas las fuerzas, y quedó como muerto, y no pensaron que un día durara. Por esta causa los marineros, con cuanta diligencia pudieron, dejaron el camino que llevaba o quería llevar el almirante, y con todos tres navíos lo llevaron a la Isabela; donde llegó a 29 días de septiembre del mismo año 1494.

Lo que aquí dice el almirante que iba por destruir las islas de los caníbales, que eran de los que había fama que comían carne humana, por ventura no aplacía a Dios que los había criado y con su sangre redimido, porque ir a destruirlos no era el remedio que Dios pretendía para salvarlos, los que con el tiempo, por medio de la predicación de la fe y con industrias humanas, como se tienen y saben tener muchas para alcanzar las cosas temporales, pudieran ser reducidos a tal vida; que pudieran algunos dellos ser salvos. ¿Quién duda que dellos no tenga Dios algunos y quizá muchos predestinados? Así que por ventura por esta razón quiso Dios con esta enfermedad estorbarlo y por ventura está errada la letra, que por descubrir dijo et que la escribió destruir. Lo cual parece tener semejanza de verdad, porque no venía la gente ni él en disposición de destruir a nadie, por flaco que fuese, sino para descansar.

De regreso a la Isabela la encuentra alborotada y a los indios alzados, y no es para menos porque los sojuzgan

Dos cosas halló, desque llego, nuevas, que le causaron diversas afecciones en su ánimo: la una, que era venido su hermano. Don Bartolomé Colón, con quien recibió grande alegría, y la otra, que la tierra estaba toda alborotada, espantada y puesta en horror y odio y en armas contra los cristianos, por las violencias y vejaciones y robos que habían dellos recibido, después de haberse partido el almirante para este descubrimiento de Cuba y Jamaica. Por manera que se le aguó bien el alegría que había recibido con la venida de don Bartolomé, su hermano.

La causa del alborotamiento y espanto de todas las gentes de la isla, bien pudiera bastar la justicia e injusticia que había hecho Hojeda el año pasado, como se contó arriba en el cap. 93, como quiera que por aquel agravio y prisión de los caciques que allí se prendieron y trajeron a la Isabela y que el almirante quería justiciar y que al cabo, con dificultad, por ruego del otro cacique, hubo de soltar, pudieran todos los demás conocer o adivinar lo que a todos, el tiempo andando, les podía y había de venir; por lo cual, cuanto más prudentes gentes fueran, tanta mayor diligencia y solicitud y con mayor título de justicia pudieran y debieran poner en no sufrir en sus tierras gente tan feroz, extraña y tan pesada y de quien tan malos principios comenzaban a ver y agravios a recibir, lo cual era señal harto evidente del perjuicio que a sus reinos y libertad y vidas se les podía recrecer.

Que fuesen gente sabias y prudentes los indios vecinos y moradores desta isla, parece por lo que el mismo almirante dellos testifica en una carta que escribió a los reyes, donde dice así: «Porque era de creer, dice él, que esta gente trabajaría de se volver a su libertad primera, y que bien que ellos sean desnudos de ropa, que en saber, sin letras, ninguna otra generación no les alcanza.» Estas son palabras del almirante.

Así que, como dejase proveídas las personas de Consejo el almirante, al tiempo que el dicho descubrimiento iba hacer, de suso en el cap. 94 dichas, y a mosén Pedro Margarite por capitán general de los cuatrocientos hombres, para que anduviese por la tierra y sojuzgase las gentes de la isla, el almirante partido, fuese a la Vega Real con ella, que está de la Isabela dos jornadas pequeñas, que son obra de 10 leguas; como estuviese plenísima de innumerables gentes, pueblos y grandes señores en ella, y la tierra, como en el cap. 90 se dijo, fuese felicísima y delectabilísima y la gente sin armas y de su naturaleza mansísima y humilde, diéronse muy de rondón a la vida que suelen tener los hombres ociosos y que hallan materia copiosa y sin resistencia de sensuales deleites no teniendo freno de razón ni de ley viva, o muerta, que a tanta libertad absoluta como gozaban, orden ni límites les pusiese. Y porque los indios comúnmente no trabajaban ni querían tener más comida de la que habían para sí y para sus casas menester (como la tierra para sus mantenimientos fuese fertilísima, que con poco trabajo donde quiera tenían cuanto al pan cumplido, y cuanto a la carne cabe casa, como en corral, habían las hutías o conejos, y del pescado llenos los ríos), y uno de los españoles comía más en un día que toda la casa de un vecino en un mes (¿qué harían cuatrocientos?); porque no solo se contentaban ni se contentan con tener lo necesario, pero mucho sobrado, y mucho que echan sin por qué ni para qué a perder, y sobre que los indios cumpliesen con ellos a su voluntad lo que les pedían, sobraban amenazas y no faltaban bofetadas y palos, no solo a la gente común, pero también a los hombres nobles y principales que llamaban nitainos, hasta llegar también a poner amenazas y hacer grandes desacatos a los señores y reyes, parecióles que aquella gente no había nacido sino para comer, y que en su tierra no debían tener mantenimientos, y por salvar las vidas se vinieron a estas islas a se socorrer, allende de sentirlos por intolerables, terribles, feroce, crueles y de toda razón ajenos.

Esto fue lo primero por que comenzaron a sentir los indios la conversación de los cristianos series horrible, conviene a saber, maltratarlos y angustiarlos por comerles y destruirles los bastimentas. Y porque no para ni sosiega el vicio y pecado en sola la comida, porque con ella, faltando templanza y temor y amor de Dios, se derrueca y va a parar a los otros sensuales vicios y más injuriosos, por ende, lo segundo con que mostraron los cristianos quién eran a los indios fue tomarles las mujeres y las hijas por fuerza, sin haber respeto ni consideración a persona, ni a dignidad, ni a estado, ni a vínculo de matrimonio, ni a especie diversa con que la honestidad se podía violar, sino solamente a quien mejor le pareciese y más parte tuviese de hermosura; tomábanles también los hijos para se servir, y todas las personas que sentían haber menester, teniéndolas siempre consigo.

En la batalla contra los indios se aplica la ley del talión y mucho más

En estos días envió el almirante a hacer guerra al cacique o rey Guatiguaná porque había mandado matar los diez cristianos, en cuya gente hicieron cruel matanza los cristianos, y él huyó. Tomáronse a vida mucha gente, de la cual envió a vender a Castilla más de quinientos esclavos en los cuatro navíos que trajo Antonio de Torres y se partió con ellos para Castilla, en 24 de febrero de 1495.

Hubo esta determinación entre los españoles dende adelante, la cual guardaban como ley inviolable, que por cada cristiano que matasen los indios hubiesen los cristianos de matar cien indios; y pluguiera a Dios que no pasaran de millos que, por uno, desbarrigaban y mataban, y sin que alguno matasen, como después, inhumanamente, yo vi muchas veces.

Se extiende la conflagración, prisión de Caonabo quien sin embargo admira a su captor hojeda. Triste fin de este rey indio

Confírmase lo que yo digo por una cosa notable, que por tan cierta como la primera se contaba dél, y es ésta: que estando el rey Caonabo preso con hierros y cadenas en la casa del almirante, donde a la entrada della todos lo vían, porque no era de muchos aposentos, que cuando entraba el almirante, a quien todos acompañaban y reverenciaban, y tenían persona muy autorizada (como al principio desta Historia se dijo), no se movía ni hacía cuenta dél Caonabo, pero cuando entraba Hojeda, que tenía chica persona, se levantaba a él y lloraba, haciéndole gran reverencia, y como algunos españoles le dijesen que por qué hacía aquello siendo el almirante guamiquina y el señor, y Hojeda súbdito suyo como los otros, respondía que el almirante no había osado ir a su casa a lo prender sino Hojeda, y por esta causa a solo Hojeda debía él esta reverencia y no al almirante. Determinó el almirante llevarlo a Castilla y con él otros muchos para esclavos que hinchiesen los navíos por lo cual envió ochenta cristianos hacia Cibao y otras provincias, que tomasen por fuerza los que pudiesen, y hallo en mis memoriales que trajeron seiscientos indios, y la noche que llegó a la Isabela esta cabalgada, teniendo ya embarcado al rey Caonabo en un navío de los que estaban para partir en la Isabela, para mostrar Dios la justicia de su prisión y de todos aquellos inocentes, hizo una tan deshecha tormenta, que todos los navíos que allí estaban con toda la gente que había en ellos (salvo los españoles que pudieron escaparse), y el rey Caonabo cargado de hierros, se ahogaron y hubieron de perecer; no supe si habían embarcado aquella noche los seiscientos indios.

Vista por los hermanos de Caonabo su prisión y consideradas las obras que los cristianos en todas las partes donde entraban o estaban hacían, y que las mismas, cuando no se catasen, habían de padecer, juntaron cuanta gente pudieron y determinaron de hacer a los cristianos guerra, cuan cruel pudiesen, para librar su hermano y señor, que ya era ahogado, y echarlos de la tierra y del mundo, si pudiesen hacerlo.

Mientras, llega a España con noticias y chismes, la flota que desde América enviara Colón

Llegó a Castilla con sus doce navíos Antonio de Torres, con muy buen viaje y breve, porque salió del puerto de la Isabela a 2 de febrero y llegó a Cádiz casi entrante o a los 8 o 10 de abril. Recibieron los reyes inestimable alegría con la venida de Antonio de Torres, por saber que el almirante con toda la flota hubiese llegado a esta isla en salvamento, y más con las cartas y relación del almirante y el oro que les enviaba, cogido de las mismas minas de Cibao por la gente que él había enviado con Hojeda para verlas o descubrirlas, y por vista de ojos experimentar que lo hubiese en la misma tierra y sacado por manos dellos. Y porque ya los reyes por ventura habían mandado aparejar tres navíos para que fuesen tras el almirante y su flota, por el deseo que tenían de saber dél, por temer quizá que el armada que se decía tener el rey de Portugal no hubiese topado con él, los cuales tres navíos, llegado Antonio de Torres, mandaron con muchas cosas de las que el almirante pidió por sus cartas despacharlos. Y en aquestos creo que vino Bartolomé Colón, porque por entonces no habían venido acá otros, y eran todos bien contados y deseados cada ve que acá venían, como se verá.

Entre tanto, en las islas, comienzan a trabajar los perros de guerra

El almirante, como cada día sentía toda la tierra ponerse en armas, puesto que armas de burla en la verdad, y crecer en aborrecimiento de los cristianos, no mirando la grande razón y justicia que para ello los indios tenían, diose cuanta más prisa pudo para salir al campo para derramar las gentes y sojuzgar por fuerza de armas la gente de toda esta isla, como ya dijimos. Para efecto de lo cual escogió hasta doscientos hombres españoles, los más sanos (porque muchos estaban enfermos y flacos), hombres de pie y veinte de caballo, con muchas ballestas y espingardas, lanzas y espadas, y otra más terrible y espantable arma para con los indios, después de los caballos, y ésta fue veinte lebreles de presa, que luego en soltándolos o diciéndoles «tómalo», en una hora hacían cada uno a cien indios pedazos. Porque como toda la gente desta isla tuviesen costumbre de andar desnudos totalmente, desde lo alto de la frente hasta lo bajo de los pies, vien se puede fácilmente juzgar qué y cuáles obras podían hacer los lebreles ferocísimos, provocados y esforzados por los que los echaban y asomaban en cuerpos desnudos en cueros y muy delicados; harto mayor efecto, que en puercos duros de carona o venados.

Es que los indios no sabían contar

Y es de saber que los indios siempre se engañan, señaladamente los que aún no tienen experiencia de las fuerzas y esfuerzo y armas de los cristianos, porque como por sus espías que envían, les traen por cuenta cuántos son en número los cristianos, que es lo primero que hacen, y les traen por granos de maíz, que son como garbanzos, contados los cristianos, y por muchos que sean no suben o subían entonces de doscientos o trescientos o cuatrocientos, cuando más, y caben en el puño estos granos, como ven tan poco número dellos y de sí mismos son siempre tan innumerables, paréceles que no es posible que tan pocos puedan prevalecer contra tantos; pero después, cuando vienen a las manos, conocen cuán con riesgo y estrago suyo se engañaron.

Nuevas operaciones de comandos

Anduvo el almirante por gran parte de toda la isla, haciendo guerra cruel a todos los reyes y pueblos que no le venían a obedecer, nueve o diez meses, como él mismo en cartas diversas que escribió a los reyes y a otras personas dice. En los cuales días o meses, grandísimos estragos y matanzas de gentes y despoblaciones de pueblos se hicieron, en especial en el reino de Caonabo, por ser sus hermanos tan valientes, y porque todos los indios probaron todas sus fuerzas para ver si pudieran echar de sus tierras a gente tan nociva y cruel, y que totalmente veían que sin causa ni razón alguna y sin haberles ofendido, los despojaban de sus reinos y tierras y libertad y de sus mujeres e hijos y de sus vidas y natural ser. Pero como se viesen cada día tan cruel e inhumanamente perecer, alcanzados tan fácilmente con los caballos y alanceados en un credo tantos, hechos pedazos con las espadas, cortados por medio, comidos y desgarrados de los perros, quemados muchos dellos vivos y padecer todas maneras exquisitas de inmisericordia e impiedad, acordaron muchas provincias, mayormente las que estaban en la Vega Real, donde reinaba Guarionex, y la Maguana, donde señoreaba Caonabo, que eran de los principales reinos y reyes desta isla, como se ha dicho, de sufrir su infeliz suerte, poniéndose en manos de sus enemigos, a que hiciesen dellos lo que quisiesen, con que del todo no los extirpasen como quien no podía más; quedando muchas gentes de muchas partes y provincias de la isla huidos por los montes y otras que aún los cristianos no habían tenido tiempo de llegar a ellas y las sojuzgar. Desta manera (como el almirante mismo escribió a los reyes), allanada la gente desta isla, la cual dice que era sin número, con fuerza y con maña, hubo la obediencia de todos los pueblos en nombre de Sus Altezas y como su visorrey, y obligación de cómo pagarían tributo cada rey o cacique en la tierra que poseía, de lo que en ella había; y se cogió el dicho tributo hasta el año de 1496. Estas todas son palabras del almirante.

De cómo los indios comenzaron a pagar impuestos de oro desde los catorce años de edad

Impuso el almirante a todos los vecinos de la provincia de Cibao y a los de la Vega Real, y a todos los cercanos a las minas, todos los de catorce años arriba, de tres en tres meses un cascabel de los de Flandes (digo lo hueco de un cascabel) lleno de oro, y solo el rey Manicaotex daba cada mes una media calabaza de oro llena, que pesaba tres marcos, que montan y valen 150 pesos de oro o castellanos; toda la otra gente no vecina de las minas contribuyese con un arroba de algodón cada persona. Carga, cierto, y exacción irracional, dificilísima, imposible e intolerable, no solo para gente tan delicada y no usada a trabajos grandes ni a cuidados tan importunos, y tan libre y a quien no debía nada y que se había de traer y ganar por amor y mansedumbre y dulzura y blanda conversación a la fe y religión cristiana, pero ni aun para crueles turcos y moros y que fueran los hunos o los vándalos que nos hubieran despojado de nuestros reinos y tierras y destruido nuestras vidas, les fuera onerosísimo e imposible y en sí ello irracionable y abominable. Ordenóse después de hacer una cierta moneda de cobre o de latón en la cual se hiciese una señal, y ésta se mudase a cada tributo, para que cada indio de los tributarios la trajese al cuello, porque se conociese quién lo había pagado y quién no; por manera que el que no la trajese había de ser castigado, aunque dizque moderadamente, por no haber pagado el tributo. Pero esta invención, que parece asemejare a la que hizo, en tiempo de nuestro Redentor, Octaviano Augusto, no pasó adelante, por las novedades y turbaciones que luego sucedieron, con que, para mostrar Dios haber sido deservido de tan intempestivas imposiciones, todo lo barajó y así las deshizo.

Y es aquí de saber que los indios desta isla no tenían industria ni artificio alguno para coger el oro en los ríos y tierra que lo había, porque no cogían ni tenían en su poder más de lo que en las veras o riberas de los arroyos o ríos, echando agua con las manos juntas y abiertas, de entre la tierra y cascajo, como acaso se descubría, y esto era muy poquito, como unas hojitas o granitos menudos, y granos más grandes que topaban cuando acaecía. Por lo cual, obligarlos a dar cada tres meses un cascabel de oro lleno, que cabría por lo menos 3 y 4 pesos de oro, que valía y vale hoy cada peso 450 maravedís, érales del todo punto imposible, porque ni en seis ni en ocho meses y hartas veces en un año, por faltarles la industria, no lo cogían ni por manera alguna cogerlo ni allegarlo podían. Por esta razón, el rey Guarionex, señor de la gran vega, dijo muchas veces al almirante que si quería le hiciese un conuco, que era labranza de pan, para el rey de Castilla tan grande que durase o llegase desde la Isabela hasta santo Domingo, que es de mar a mar y hay de camino buenas 55 leguas (y esto era tanto, que se mantuviera, cuanto al pan, diez años toda Castilla), que él la haría con su gente, con que no le pidiese oro, porque sus vasallos cogerlo no sabían Pero el almirante, con el gran deseo que tenía de dar provecho a los reyes para recompensar los grandes gastos que hasta entonces había hecho y hacían y eran menester cada día hacerse en este negocio de las Indias, y por refrenar los murmuradores y personas que estaban cercanos a los reyes y que siempre desfavorecieron este negocio, que disuadían a Sus Altezas que no gastasen, porque era todo mal empleado y perdido y que no habían de sacar fruto dello, y finalmente daban al negocio cuantos disfavores y desvíos podían, no creo sino que con buena intención, aunque a lo que siento con harto poco celo y sin consideración de lo que los reyes, aunque no sacaran provecho alguno, a la conversión y salud de aquellas ánimas, como católicos debían; querer cumplir el almirante con esto temporal, y como hombre extranjero y solo (como él decía, desfavorecido), y que no parecía depender todo su favor sino de las riquezas que, a los reyes, destas tierras les proviniesen, juntamente con su gran ceguedad e ignorancia del derecho que tuvo, creyendo que por solo haberlas descubierto y los reyes de Castilla enviarlo a los traer a la fe y religión cristiana, eran privados de su libertad todos, y los reyes y señores de sus dignidades y señoríos, y pudiera hacer dellos como si fueran venados o novillos en dehesas baldías, como, y muy peor, lo hizo, le causó darse más prisa y exceder en la desorden que tuvo, que quizá tuviera; porque ciertamente él era cristiano y virtuoso y de muy buenos deseos, según dellos que amaban la verdad y no tenían pasión o afición a sus propios juicios conocían. Así que no curaba de lo que Guarionex le importunaba y de las labranzas que ofrecía, sino del cascabel de oro que impuesto había. Después, conociendo el almirante que los más de los indios en la verdad no lo podían cumplir, acordó de partir por medio el cascabel y que aquella mitad llena diesen de tributo; algunos los cumplían y otros no les era posible, y así, cayendo en más triste vida, unos iban a los montes, otros, no cesando las violencias y agravios e injurias en ellos de los cristianos, mataban algún cristiano por especiales daños y tormentos que recibían, contra los cuales luego se procedía a la venganza que los cristianos llamaban castigo, con el cual, no solos los matadores, pero cuantos podían haber en aquel pueblo o provincia, con muertes y con tormentos se punían, no considerando la justicia y razón natural, humana y divina, con cuya autoridad lo hacían.

Los indios deciden no volver a cultivar sus huertos, y a la guerra se suma el hambre que los mata

Viendo los indios cada día crecer sus no pensadas otras tales calamidades, y que hacían fortalezas o casas de tapias y edificios y no algunos navíos en el puerto de la Isabela, sino y comidos y perdidos, cayó en ellos profundísima tristeza, y nunca hacían sino preguntar que si pensaban en algún tiempo tomarse a su tierra. Consideraban que ninguna esperanza de libertad, ni blandura, ni remisión, ni remedio de sus angustias, ni quien se doliese dellos tenían. Y como ya habían experimentado que los cristianos eran tan grandes comedores y que solo habían venido de sus tierras a comer, y que ninguno era para cavar y trabajar por sus manos en la tierra y que muchos estaban enfermos y que les faltaban los bastimentas de Castilla, determinaron muchos pueblos dellos de ayudarles con un ardid o aviso, o para que muriesen o se fuesen todos, como sabían que muchos se habían muerto y muchos ido, no conociendo la propiedad de los españoles, los cuales, cuanto más hambrientos, tanto mayor tesón tienen y más duros son de sufrir y para sufrir. El aviso fue aqueste (aunque les salió al revés de lo que pensaron), conviene a saber: no sembrar ni hacer labranzas de sus conucos, para que no se cogiese fruto alguno en la tierra, y ellos recogerse a los montes donde hay ciertas y muchas y buenas raíces, que se llaman guayaros, buenas de comer, y nacen sin sembrarlas, y con la caza de las hutías o conejos de que estaban los montes y los llanos llenos pasar como quiera su desventurada vida. Aprovechóles poco su ardid, porque aunque los cristianos, de hambre terrible y de andar a montear y perseguir los tristes indios, padecieron grandísimos trabajos y peligros, pero ni se fueron ni se murieron, aunque algunos morían por las dos dichas causas; antes toda la miseria y calamidad hubo de caer sobre los mismos indios, porque como anduviesen tan corridos y perseguidos con sus mujeres e hijos a cuestas, cansados, molidos, hambrientos, no se les dando lugar para cazar o pescar o buscar su pobre comida, y por las humedades de los montes y de los ríos, donde siempre andaban huidos y se escondían, vino sobre ellos tanta de enfermedad, muerte y miseria, de que murieron infelizmente de padres y madres e hijos, infinitos. Por manera que con las matanzas de las guerras y por las hambres y enfermedades que procedieron por causa de aquéllas, y de las fatigas y opresiones que después sucedieron y miserias y sobre todo mucho dolor intrínseco, angustia y tristeza, no quedaron de las multitudes que en esta isla de gentes había desde el año de 94 hasta el de 6, según se creía, la tercera parte de todas ellas ¡Buena vendimia y hecha harto bien aprisa! Ayudó mucho a esta despoblación y perdición querer pagar los sueldos de la gente que aquí los ganaba y pagar los mantenimientos y otras mercaderías traídas de Castilla, con dar de los indios por esclavos, por no pedir las costas y gastos y tantos gastos y costas a los reyes, lo cual el almirante mucho procuraba por la razón susodicha, conviene a saber: por verse desfavorecido y porque no tuviesen tanto lugar los que desfavorecían este negocio de las Indias ante los reyes, diciendo que gastaban y no adquirían.

Pero como el oro que se saca no es suficiente y a la corte española llegan noticias de que Colón la engaña, le envían a Juan Aguado como escudriñador de sus acciones

Llegó Juan Aguado a la Isabela por el mes de octubre del dicho año de 1495, estando el almirante haciendo guerra a los hermanos y gente del rey Caonabo, en la provincia de la Maguana, que era su reino y tierra, donde ahora está poblada, y siempre después lo estuvo, una villa de españoles que se llama san Juan de la Maguana. El cual mostró por palabras y actos exteriores de su persona traer de los reyes muchos poderes y autoridad mayor de la que le dieron, y con esto se entremetía en cosas de jurisdicción que no tenía, como prender a algunas personas de la mar, de las que había con él venido, y en reprender los oficiales del almirante, mayormente haciendo muy poca cuenta y teniendo poca reverencia a don Bartolomé Colón, que había dejado por gobernador el almirante por su ausencia, como después yo vi con muchos testigos probado.

Entusiasmados por las riquezas de América en Sevilla se organizan marinos y vecinos para viajar y los reyes los autorizan

En este año de 1495 pidieron algunos marineros y otras personas, vecinos de Sevilla, licencia a los reyes para poder venir a descubrir a estas Indias, islas y tierra firme que no estuviesen descubiertas. La cual concedieron los reyes con ciertas condiciones. La primera, que todos los navíos que hubiesen de ir a descubrir se presentasen ante los oficiales del rey, que para ello estaban puestos en la ciudad y puerto de Cádiz, para que de allí vayan una o dos personas por veedores. La segunda, que habían de llevar la décima parte de las toneladas con cargazón de los reyes, sin que se les pagase por ello cosa alguna. La tercera, que aquello lo descargasen en la isla Española. La cuarta, que de todo lo que hallasen diesen a los reyes la décima parte cuando volviesen a Cádiz. La quinta, que habían de dar fianzas que así lo cumplirían todo. La sexta, que con cada siete navíos pudiese el almirante cargar uno para sí para rescatar, como los otros que a ello fuese, por la contratación y merced hecha al almirante que en cada navío pudiese cargar la octava parte. En esta provisión también se contenía que quien quisiese llevar mantenimientos a vender a los cristianos que estaban en esta isla Española y en otras partes que estuviesen, los vendiesen francos de todo derecho, etc. Fue hecha en Madrid, a 10 días de abril de 1495 años.

Juan Aguado interfiere la autoridad del almirante quien, lleno de paciencia lo sufre

Sabido por el almirante la venida de Juan Aguado, determinó de volverse a la Isabela, y creo que no anduvo mucho camino, para ir donde estaba el almirante, Juan Aguado. Después de llegado, diole las cartas que le traía de los reyes, y para que presentase la creencia y otras cartas de los reyes que traía, mandó el almirante juntar toda la gente española que en la villa había y tocar las trompetas, porque con toda solemnidad, cuanta fue por entonces posible, la cédula real de su creencia delante de todos y a todos se notificase. Muchas cosas pasaron en estos días y tiempo que Juan Aguado estuvo en esta isla, en la Isabela, y todas de enojo y pena para el almirante, porque el Juan Aguado se entrometía en cosas, con fiducia y color de su creencia, que el almirante sentía por grandes agravios. Decía y hacía cosas en desacato del almirante y de su autoridad, oficio y privilegios. El almirante, con toda modestia y paciencia, lo sufría y respondía y trataba al Juan Aguado siempre muy bien, como si fuera un conde, según vi de todo esto, hecha con muchos testigos, probanza. Decía Juan Aguado que el almirante no había obedecido ni recibido las cédulas y creencia de los reyes con el acatamiento y reverencia debida, sino que el tiempo que se presentaban había callado, y después de presentadas, cinco meses había, pedía a los escribanos la fe de la presentación y de la poca cuenta que el almirante había hecho dellas, y quería llevar los escribanos a su posada porque le diesen la fe en su presencia. Ellos no quisieron, sino que les enviase las cédulas a su posada y que allí se la darían. El decía que no había de fiar de nadie las cartas del rey, y así de día en día lo disimulaba; al cabo de cinco meses que se las envió y dieron la fe y testimonio de cómo el almirante las había obedecido y reverenciado como a carta de sus reyes y señores, fuelos a deshonrar con palabras injuriosas, diciendo que habían mentido y hecho y cometido falsedad y que ellos serían castigados. Los escribanos dieron la fe, y después con juramento confirmaron de nuevo el dicho testimonio y fe que habían dado haber sido verdadero, y probáronse las injurias que Juan Aguado les había dicho. Destas y otras muchas cosas y de la presunción y autoridad que mostraba el Juan Aguado, y de atreverse al almirante más de lo que debiera, y de las palabras y amenazas que le hacía con los reyes, toda la gente se remontaba y alteraba, por manera que ya no era el almirante ni sus justicias tan acatado ni obedecido como de antes.

Los españoles descubren los terribles huracanes del Caribe
En este tiempo se perdieron en el puerto los cuatro navíos que trajo Juan Aguado, con gran tempestad, que es lo que llamaban los indios en su lengua huracán y ahora todos las llamamos huracanes, como quien por la mar y por la tierra casi todos las habemos experimentado. Y porque estoy dudoso si entre los seis navíos que arriba, en fin del cap. 102, dijimos se perdieron en el puerto de la Isabela, fueron los cuatro de Juan Aguado, porque se me ha pasado de la memoria, como ha ya 59 años, no quiero afirmar que fuesen otros o ellos, mas de que, a lo que me parece, que en los tiempos que yo allá estaba, que fue pocos años después de perdidos, platicábamos que dos veces se perdieron navíos en el dicho puerto, y si así es, como me parece que es así, los postreros que se perdieron fueron los de Juan Aguado. Pero que sea lo uno, que sea lo otro, para tornar a Castilla ningún navío había, sido solas las dos carabelas que mandó hacer allí, en el puerto de la Isabela, el almirante.

Entre tanto se edifican nuevas fortificaciones, que las crueles guerras deshicieron, recuerda fray Bartolomé

La otra fortaleza se edificó en la provincia y reino de Guarionex, 15 leguas o algunas más en la misma Vega, más al Oriente de la otra, donde se pobló después la ciudad que se dijo y dice de la Concepción, que ya está casi del todo despoblada, que tomó el nombre de la misma fortaleza, a la cual el almirante puso nombre la Concepción. En ésta puso por alcaide a un hidalgo, que se llamó Juan de Ayala; después la tuvo un Miguel Ballester, catalán, natural de Tarragona, viejo y muy venerable persona. Por manera, que hubo en esta isla tres fortalezas, después que el almirante vino el segundo viaje a poblar con gente española. Y si añadimos la que dejó hecha en el Puerto de la Navidad, donde quedaron los treinta y nueve hombres, fueron cuatro; pero désta no es de hacer mención, pues tan poco duró y menos aprovechó, por culpa de los que en ella quedaron. La mejor de todas ellas fue la de la Isabela, porque fue de piedra o cantería. De la cual, siendo yo prior en santo Domingo de la villa de Puerto de Plata, hice traer una piedra grande, la cual hice poner por primera piedra del monasterio que allí yo comencé a edificar, por memoria de aquella antigüedad. Está la dicha piedra en la esquina oriental del cuarto de abajo, que fue el primero que comencé a edificar más propincuo a la portería y a la iglesia. Después de aquella fortaleza de la Isabela fue la mejor la de la Concepción de la Vega, que era de tapias y con sus almenas y buena hechura, la cual duró muchos años, hasta el año de 1512, si bien me acuerdo. Todas las demás, muchos años antes había que se cayeron y no hubo memoria dellas, como se fueron consumiendo los indios con las crueles guerras contra quien se procuraron hacer. La menor y menos fuerte de las cuales, como no fuese de madera, sino de tierra, era más inexpugnable para los indios que Salsas para franceses.

Se construyen las primeras naves fabricadas en América. Bartolomé y Diego Colón son convertidos en gobernadores. El almirante viaja a España

Acabadas las dos carabelas que había mandado hacer el almirante y guarnecidas de bastimentas y agua y de las otras cosas, según se pudo aparejar, necesarias, ordenadas las que convenían a la isla, encomendadas las fortalezas a personas que le pareció ser para ellas, constituyó por gobernador y capitán general desta isla en su lugar, con plenísimo poder, a don Bartolomé Colón, su hermano, y después dél a don Diego Colón, su segundo hermano, rogando y mandando a todos que los obedeciesen, y a él que con su prudencia, con todo el contentamiento que se sufriese de la gente, a todos agradase y gobernase y bien tratase. Dejó por alcalde mayor de la Isabela y de toda la isla, para el ejercicio de la justicia, a un escudero, criado suyo, bien entendido aunque no letrado, natural de la Torre de don Jimeno, que es cabe Jaén, que se llamó Francisco Roldán, porque le pareció que lo haría según convenía y lo había hecho siendo alcalde ordinario y en otros cargos que le había encomendado.

Y porque los reyes habían mandado que el almirante dejase ir a Castilla los más enfermos y necesitados que en la isla estaban y otros cuyos parientes y deudos y sus mujeres se habían a los reyes quejado que no les daba licencia el almirante para irse a sus tierras y casas, otros por otros por ella suplicádoles, allegáronse hasta doscientos y veinte y tantos hombres que en ambas a dos carabelas se embarcaron.

Sobre muchos dellos, quién irían o quién quedarían, teniendo iguales necesidades, y otros que se encomendaban a Juan Aguado, Juan Aguado presumía que por la creencia real que trajo debía el almirante conceder que fuesen los que nombraba o quería; otras veces parecía que lo rogaba, aunque no con mucha humildad para con el almirante; otras, que con que irían ante los reyes, lo amenazaba; finalmente, tuvieron hartos enojos y barajas. Pero al cabo no se hacía ni podía hacer más de lo que el almirante mandaba, lo que no acaeciera, si Juan Aguado de los reyes trajera para ello ni para otras cosas en lo público alguna autoridad. Al cabo de todos estos contrastes, se hubo de embarcar el almirante en una de las dos carabelas, la principal, y

Juan Aguado en la otra, repartidos los doscientos y veinte y tantos hombres y más treinta indios, según la orden que el almirante dio en ambas.

Colón va en busca de la corte para informar sobre sus empresas y explicar sus problemas

El almirante, con la mayor presteza que pudo, se partió de Cádiz para Sevilla, y de Sevilla para Burgos, donde la corte estaba, o los Consejos; el rey estaba en Perpiñán, en la guerra con Francia, porque el rey de Francia pasaba otra vez a Italia. La reina era en Laredo o en Vizcaya, despachando a la infanta doña Juana para Flandes, que iba por archiduquesa de Austria a casar con el archiduque don Felipe, hijo del emperador Maximiliano. Los cuales, después fueron príncipes y reyes de Castilla y engendraron al emperador y rey don Carlos, nuestro señor, con los demás señores, rey y reinas, sus hermanos.

Los reyes lo acogen bien y toman previsiones para organizar las nuevas tierras. Vendrán artesanos, clérigos, agricultores, un físico. Un boticario y algunos instrumentos músicos

Mandaron los reyes que diese sus memoriales de todo lo que había menester, así para su descubrimiento, como para las provisiones de la gente que en esta isla estaba y la que de nuevo decía que convenía traer. Pidió ocho navíos: los dos, que viniesen luego cargados de bastimentas derechos a esta isla, con el ansia que tenía de que la gente de los cristianos estuviesen acá proveídos y contentos, para que la contratación y prosperidad del negocio destas Indias creciese y en fama y obra se prosperase, y los seis, también llenos de bastimentas, con la gente que había de traer, él los trajese, y en el viaje que entendía de camino hacer descubriendo le acompañasen.

Acordaron los reyes, con parecer del almirante, que estuviesen siempre en esta isla a sueldo y costa de Sus Altezas, por su voluntad empero, trescientas treinta personas desta calidad y oficios y forma siguiente: cuarenta escuderos, cien peones de guerra y de trabajo, treinta marineros, treinta grumetes, veinte artífices o que supiesen labrar de oro, cincuenta labradores de campo, diez hortelanos veinte oficiales de todos oficios y treinta mujeres. A éstos se mandó dar 600 maravedís de sueldo cada mes y una fanega de trigo cada mes, y para lo demás 12 maravedís para comer cada día. Y porque mejor lo pudiesen gozar, mandaron que se buscasen alguna persona o personas que se obligasen a traer y tener mantenimientos en esta isla, para que pudiesen la gente dellos, los que hubiesen menester, comprar. Habíaseles de prestar a las tales personas o mercaderes algunos dineros del rey, según pareciese al almirante, para emplear en los dichos bastimentas, dando fianzas que traerían los dichos mantenimientos a esta isla, empero a riesgo de los reyes, cuanto al riesgo de la mar, y después de hechos dineros, habían de valer al tesorero de los reyes lo que se les había prestado. Poníaseles tasa en los precios de las cosas que habían de vender: el vino a 15 maravedís azumbre, la libra de tocino y carne salada a 8 maravedís, y los otros mantenimientos y legumbres a los precios que al almirante pareciese o a su teniente, por manera que ellos hubiesen alguna ganancia y no perdiesen y la gente no recibiese agravio comprando lo que hubiesen menester muy caro.

Mandaron asimismo los reyes que viniesen religiosos y clérigos, buenas personas, para que administrasen los santos Sacramentos a los cristianos que acá estuviesen, y para que procurasen convertir a nuestra santa fe católica a los indios naturales destas Indias, y que trajese el almirante para ello los aparejos y cosas que se requerían para el servicio del culto divino.

Mandaron también traer un físico y un boticario y un herbolario y también algunos instrumentos músicos, para que se alegrasen y pasasen la gente que acá había de estar. Mandaron que en la Isabela y en la población que después se edificase, se hiciese alguna labranza y crianza para que mejor se mantuviese la gente que aquí estuviese. Para lo cual se habían de prestar a los labradores cincuenta fanegas de trigo para que lo sembrasen, y a la cosecha lo volviesen y pagasen el diezmo a Dios; de lo demás se aprovechasen, vendiéndolo a los vecinos y gente que acá estuviese a precio razonable. Para esto le mandaron librar en las tercias del Arzobispado de Sevilla 600 cahíces de trigo.

Disposiciones relativas a la distribución de tierras, aguas, oro y plata

Concedieron también los reyes a los que se avecindasen en esta isla, de los que en ella estaban y los que viniesen a ella de Castilla para se avecindar, que el almirante les repartiese tierras y montes y aguas, para hacer casas, heredades, huertas, viñas, algodonales, olivares, cañaverales para hacer azúcar y otros árboles, molinos o ingenios para el dicho azúcar y otros edificios necesarios para sí propios y que dellos en cualquiera manera, por venta o donación o trueque o cambio se aprovechasen, con que estuviesen y morasen en esta isla, con su casa poblada, cuatro años; con tanto que en las tales tierras y montes y aguas, no tengan jurisdicción alguna civil ni criminal ni cosa acotada ni término redondo, más de aquello que tuvieren cercado de una tapia en alto, y que todo lo otro descercado, cogidos los frutos y esquilmos dello, sea para pasto común y baldío a todos. Reservaron para sí el oro y plata y brasil y otro cualquiera metal que en las tierras se hallasen, ni que no hiciesen en ellas cargo ni descargo de oro y plata ni de brasil ni de otras cosas que a los reyes perteneciese. Esta provisión fue hecha en Medina del Campo, mes y año susodichos. Para estos despachos mandaron librar los reyes al almirante seis cuentos, los cuatro para los bastimentas susodichos, y los dos para pagar la gente. Estos seis cuentos, con grandísima dificultad y con grandes trabajos suyos y angustias, por las grandes necesidades de los reyes, de guerras y los casamientos dé sus hijas las señoras infantas, se le libraron. Pero porque después para cobrarlos tuvo mayores trabajos y dificultades, como se dirá adelante, dejemos aquí su despacho y contemos lo que se hizo en esta isla después que los tres navíos que halló en Cádiz el almirante para partir, a la Isabela llegaron.

Colón también se equivoca, dice fray Bartolomé, y explica la razón

Así que, volviendo a tejer nuestra historia, recibidas las cartas del almirante y con ellas las que convino enviar de los reyes su hermano don Bartolomé, con los dichos tres navíos determinó de despacharlos con brevedad y henchidos de indios, hechos esclavos con la justicia y razón que arriba se ha dicho, y éstos fueron trescientos inocentes indios. Porque dijeron que el almirante había a los reyes escrito que ciertos reyes o caciques desta isla habían muerto ciertos cristianos, y no dijo cuántos él y los cristianos habían hecho pedazos, y los reyes le respondieron que todos los que hallase culpados los enviase a Castilla, creo yo que por esclavos como en buena guerra cautivos, no considerando los reyes ni su Consejo con qué justicia las guerras y males el almirante había hecho contra estas gentes pacíficas que vivían en sus tierras sin ofensa de nadie, y de quien a Sus Altezas el mismo almirante pocos días había, en su primer viaje, tantas calidades de bondad, paz, simplicidad y mansedumbre había predicado, al menos parece que se debiera de aquella justicia o injusticia dudar, pero creyeron solamente al almirante, y como no hubiese quien hablase por los indios ni su derecho y justicia propusiese, defendiese y alegase, como abajo parecerá más largo y claro, quedaron juzgados y olvidados por delincuentes, desde el principio de su destrucción hasta que todos se acabaron, sin que nadie sintiese su muerte y perdición ni la tuviese por agravio.

Mientras, desde la Isabela, se cuenta cómo fue el gobierno de Bartolomé Colón. Visita al rey indio Behechio y a su poderosa hermana Anacaona, quienes lo reciben con bailes de areítos

Partido del río de la Hozama y por otro nombre ya nuestro santo Domingo, don Bartolomé Colón con su compañía, y andadas 30 leguas, llegó a un río muy poderoso, que se llamaba y hoy llamamos, como los indios, Neiba, donde halló un ejército de infinitos indios con sus arcos y flechas armados, en son de guerra, puesto que desnudos en cueros (y notad qué guerra pueden hacer con las barrigas desnudas por broqueles). Parece que como el rey Behechio tuvo nueva que los cristianos venían, y había oído las nuevas de sus obras contra el rey Caonabo y su reino hechas, envió aquella gente o vino él también en persona con sus juegos de niños a resistirles, que todas sus guerras, comúnmente, son tales, mayormente las desta isla. Los cristianos, viendo el ejército, hizo don Bartolomé señales de que no les venía a hacer mal, sino a verlos y holgarse con ellos, y que deseaba ver a su rey Behechio y su tierra; luego los indios se aseguraron como si ya tuvieran dellos grandes prendas y fuera imposible faltarles la palabra. Van luego volando mensajeros al rey Behechio, o él, si allí iba, envía a mandar que salgan toda su corte y gente con su hermana Anacaona, señalada y comedida señora, a recibir a los cristianos, y que les hagan todas las fiestas y alegrías que suelen a sus reyes hacer, con cumplimiento de sus acostumbrados regocijos. Andadas otras 30 leguas, llegan a la ciudad y población de Xaraguá, porque 60 leguas dista de santo Domingo, como arriba queda dicho; salen infinitas gentes y muchos señores y nobleza, que se ayuntaron de toda la provincia con el rey Behechio y la reina, su hermana, Anacaona, cantando sus cantares y haciendo sus bailes, que llamaban areítos, cosa mucho alegre y agradable para ver, cuando se ayuntaban muchos en número, especialmente. Salieron delante treinta mujeres, las que tenía por mujeres el rey Behechio, todas desnudas en cueros, solamente cubiertas sus vergüenzas con unas medias faldillas de algodón, blancas y muy labradas en la tejedura dellas, que llamaban naguas, que les cubrían desde la cintura hasta media pierna; traían ramos verdes en las manos, cantaban y bailaban y saltaban con moderación, como a mujeres convenía mostrando grandísimo placer, regocijo, fiesta y alegría. Llegáronse todas ante don Bartolomé Colón, y las rodillas hincadas en tierra, con gran reverencia, danle los ramos y palmas que traían en las manos. Toda la gente demás, que era innumerable, hacen todos grandes bailes y alegrías, y con toda esta fiesta y solemnidad, que parece no poder ser encarecida, llevaron a don Bartolomé Colón a la casa real o palacio del rey Behechio, donde ya estaba la cena bien larga aparejada, según los manjares de la tierra, que era el pan cazabí y hutías, los conejos de la isla, asadas y cocidas, e infinito pescado de la mar y de río que por allí pasa. Después de cenar, vanse los españoles cada tres o cuatro a las posadas que les habían dado, donde tenían ya sus camas puestas, que eran las hamacas de algodón, muy hermosas, y para lo de que eran, ricas; déstas, ya en el cap. 42 queda, cómo son hechas, dicho. El don Bartolomé con media docena de cristianos, quedóse aposentado en la casa del rey Behechio.

Retrato de la poderosa Anacaona
Esta su hermana Anacaona fue una notable mujer, muy prudente, muy graciosa y palaciana en sus hablas y artes y meneos y amicísima de los cristianos. Fue también reina de la Maguana, porque fue mujer del rey Caonabo susodicho, como arriba todo esto fue a la larga dicho, cap. 86.

Las fiestas y el esplendor de Anacaona

Sabido por la señora reina Anacaona, persuade al rey, su hermano, que vayan a ver la canoa de los cristianos, de que tantas cosas se les contaban. Tenían un lugarejo en medio del camino Anacaona, donde quisieron dormir aquella noche; allí tenía esta señora una casa llena de mil cosas de algodón, de sillas y muchas vasijas y cosas de servicio de casa, hachas de madera, maravillosamente labradas, y era este lugar y casa como su recamara. Presentó esta señora a don Bartolomé muchas sillas, las más hermosas, que eran todas tan negras y bruñidas como si fueran de azabache. De todas las otras cosas para servicio de mesa, y naguas de algodón, que eran unas como faldillas que traían las mujeres desde la cinta hasta media pierna, tejidas y con labores del mismo algodón blanco a maravilla, cuantas quiso llevar y que más le agradaban. Diole cuatro ovillos de algodón hilado que apenas un hombre podía uno levantar. Cierto, si oro tuvieran y perlas, bien se creía entonces que lo dieran con tanta liberalidad, según todos los indios desta isla eran de su innata condición dadivosos y liberales. Vanse a la playa o ribera de la mar; manda don Bartolomé venir la barca de noas, muy grandes y muy pintadas, aparejadas; pero la señora, como era tan palaciana, no quiso ir a la canoa, sino con don Bartolomé en la barca. Llegando cerca de la carabela, sueltan ciertas lombardas; turbándose los reyes y sus muchos criados y privados en tanto grado, que les pareció que el cielo se venía abajo, y aína se echaran todos al agua; pero como vieron a don Bartolomé reírse, algo se asosegaron. Llegados, como dicen los marineros, a bordo, que es junto a la carabela, comienzan a tañer un tamborino y la flauta y otros instrumentos que allí llevaban y era maravilla cómo se alegraban. Miran la popa, miran la proa, suben arriba, descienden abajo, están como atónitos, espantados.

    Manda don Bartolomé alzar las anclas, desplegar las velas, dar la vuelta por la mar; aquí creo yo que no les quedó nada de sangre temiendo no se los llevasen; pero desque dieron la vuelta hacia casa, quedaron sin temor y demasiadamente admirados que sin remos la carabela, tan grande, parecía que volase, y sobre todo, que con un viento solo fuese a una parte y a otra contraria tornase. Tornáronse a Xaraguá; vinieron infinitos indios de todo el reino, del pan cazabí cargados; hinchen la carabela del pan y de algodón y de las otras cosas que el rey y la reina y los otros señores habían dado; partióse la carabela para hacer a la Isabela su viaje. Don Bartolomé con su gente también acordó irse para allá con su compañía por tierra; dejó alegres al rey y a la reina y a todos los señores y gentes suyas muy contentos.

Mientras Colón está en España, en América comienza la rebelión de Francisco Roldán, que le traerá tantos dolores de cabeza

Entre tanto que don Bartolomé Colón está en el reino de Xaraguá con el Behechio, y hacía lo que en el precedente capítulo se dijo, Francisco Roldán, a quien, como arriba en el cap. III dijimos, dejó el almirante por alcalde mayor en la Isabela, y como también dije, de toda la isla, por descontentos que tuvo del gobernador, don Bartolomé Colón, o por no sufrir las reglas y estrechura de los bastimentas de la Isabela, y querer vivir más a lo largo andando por la isla (o también hallo en mis memoriales que tuvo principio este levantamiento porque uno de los principales, que consigo siempre trajo, se echó con la mujer del rey Guarionex, y porque le quiso el adelantado castigar), o porque era bullicioso y pretendía subir a más de lo que era, imaginando que el almirante nunca volvería, porque hacía ya quince meses que era partido desta isla, y que era señal que los reyes no lo dejarían volver acá, según por ventura debiera Juan Aguado haber dicho, y así se decía, acordó quitar la obediencia al dicho don Bartolomé y levantarse contra él con hasta setenta hombres, los más sanos, gente común, y algunos principales que él pudo atraer a sí, que pretendían lo mismo que él, de los cuales yo conocí los más, o casi todos.

Este Francisco Roldán fue, como dije, criado del almirante y ganó su sueldo, y debía ser su oficio, a lo que entendí, como hombre que tenía cargo de andar sobre los trabajadores y oficiales para los hacer trabajar, salvo que, como fuese hombre entendido y hábil, conociendo el almirante que era para tener cargos, y por honrarlo y hacer en él, hízolo primero alcalde ordinario de la Isabela, y después mayor de toda la isla, y él quiso, por agradecimiento, levantándosele darle el pago.

Las estrategias de Roldán

La otra ocasión o título que tomó para atraer a sí juntamente indios y cristianos, fue que decía a los cristianos que para que los indios sirviesen mejor a los cristianos, estando en paz con ellos, era cosa necesaria que se les quitasen los tributos que les había impuesto el almirante, y esto muchas veces lo decía él a don Bartolomé Colón platicando. Y ciertamente, si él lo dijera con celo de virtud y de piedad para con los indios, decía gran verdad, porque los indios y los reyes y señores suyos vivían con los tributos que se les pedían cada tres meses, desesperados; y aun fuera sin comparación grande utilidad para los cristianos, porque ni murieran de hambre ni padecieran necesidad alguna en sus enfermedades, ni anduvieran en guerras por sierras y valles a cazar y matar indios, ni dellos algunos, los indios, como mataron mataran, antes los sirvieran de rodillas y adoraban. Pero no lo decía el pecador sino por robar más a los indios y más señoreados y que a esto no le fuese Dios ni el rey ni sus ministros a la mano. Finalmente, don Diego mandó al dicho Francisco Roldán que fuese con cierta gente a la Concepción, porque se sonaba y temía que los indios y gente de Guarionex andaba mal segura y alborotada, como no podían sufrir los tributos; el cual se fue al pueblo del cacique Marque, donde tuvo lugar Roldán de concluir y publicar su traición, de donde se vinieron muchos que no quisieron consentir en ella a la fortaleza de la Concepción, a los cuales trató mal y tomó todas las armas. De aquí del pueblo Marque, tomó a la Isabela y vase a la alhóndiga del rey, donde estaban los bastimentas y la munición de las armas, y tomada la llave por fuerza a quien la tenía, que era un criado de don Diego Colón, hizo rey», y toma todas las armas que le pareció haber menester para sí y para sus compañeros tiranos; y de los bastimentas, que con tanta guarda y regla y estrechura (porque así convenía), se guardaban y daban, y de todas cuantas cosas allí había, sin medida repartía y para sí tomaba.

Donde siguen los líos de Roldán

Sabido por el don Bartolomé, envió a un caballero que se llamaba Malaaver, que yo conocí muy bien, al Francisco Roldán, que le hablase y de su parte le dijese que por qué causaba tan grande daño y escándalo y confusión en toda la isla; que mirase cuánto deservicio se hacía a los reyes haciendo cesar los tributos, y cuán mal contado le sería de todos los que lo supiesen y el daño que hacía a todos los cristianos, porque los indios se ensoberbecerían y cobrarían ánimos mayores para les hacer guerra, y otras cosas a este propósito, que lo podían mover a cesar de su sedicioso propósito. Finalmente, le persuadió a que fuese a hablar a la fortaleza con don Bartolomé, y diole para ello seguro, de lo cual llevaba el dicho Malaaver comisión. Vino a la fortaleza con su gente bien armada, y habló con don Bartolomé debía ser por las ventanas, don Bartolomé parado. Díjole que por qué juntaba con tanto escándalo aquella gente e inquietaba la isla; respondió Roldán que no la juntaba para deservicio de los reyes sino para se defender dél, que le habían dicho que les quería cortar las cabezas; responde que no les habían dicho verdad. Añadió Francisco Roldán que él y su compañía estaban en servicio del rey; por eso, que le dijese dónde mandaba que fuesen a servir al rey; dice don Bartolomé que se vayan y estén en los pueblos del cacique que tenía por nombre Diego Colón. Responde Roldán que no quería ir allí, porque no había qué comer. Mandóle y prohibióle que no fuese más alcalde ni se llamase alcalde, y que lo privaba de tal oficio, pues andaba contra el servicio del rey. De aquí se fue mofando y más soberbio que vino, porque no pretendía sino proseguir su rebelión con los demás y ser libres para que sus vicios y ambición alcanzasen impunidad y colorar su alzamiento con alegar y sembrar mentirosamente que don Bartolomé los quería matar, estando 70 y 80 leguas de allí, en Xaraguá, como ha parecido, cuando ellos se alzaron; tomando también por título y causa de su traición, que porque no se echaba la carabela al agua y que a los indios no se quitaban los tributos de que estaban muy cargados, como si se compadecieran más dellos que quien se los había impuesto, pues ellos los robaban y después mucho más los robaron e hicieron incomparables daños y agravios, cuando el rey Manicaotex (de quien arriba hemos hablado) que daba una calabaza lleno media de oro por tributo cada tres meses, que pesaba tres marcos, le daba otra tal media y mayor que aquella al dicho Francisco Roldán, porque como era alcalde y con vara y todos temblaban dél, no osaba hacer otra cosa. Desto hubo muchos testigos de oídas, que lo habían sabido de indios, y viéronse muchas conjeturas y argumentos dello. Y una era que tenía un hijo y un sobrino consigo del dicho rey Manicaotex, como en rehenes de su tributo, y otra, que buscaba todas las joyuelas y cositas que podía haber de Castilla el Francisco Roldán, para darle al dicho cacique, y llamábalo su hermano.

Roldán gana adeptos

Cada día se le allegaba más gente a Francisco Roldán y más se engrosaba su partido, como su vida y la de los que con él andaban era tan ancha, gozando de todos los vicios que querían, y sobre todo libertad y señorío, porque temblaban dellos los indios, por lo cual los adoraban y servían. Y con esto, él más soberbio y obstinado se hacía; y con esta pujanza, según dijeron muchas veces muchos de su compañía, determinaba de poner cerco a don Bartolomé Colón, que estaba en la fortaleza de la Concepción susodicha; y hombre de los suyos, que se llamaba Gonzalo Gómez Collado, tomó juramento a otro que había nombre Gonzalo de la Rambla, y éste fue de los que no quisieron seguir a Roldán, que dijese a don Bartolomé, y si no pudiese a don Bartolomé, lo dijese a Diego de Salamanca, que le avisase que mirase por sí y que por ninguna manera saliese de la fortaleza, y en ella de quién se fiaba, por que supiese de cierto que de cualquiera manera que hacerlo pudiesen lo habían de matar. Estando en este estado estas cosas y don Bartolomé en medio destos peligros y de sus angustias, cada día esperando cuándo había de llegar Francisco Roldán a cercarlo, como Dios en esta vida no da todos los trabajos juntos, sino siempre, conociendo nuestra flaqueza, con alguna interpolación, quiso dar algún resuello a don Bartolomé y a los que con él perseveraban, y así ordenó que llegaron dos carabelas [con bastimentas llenas, y con noventa hombres de trabajo] de Castilla, que el almirante con el ansia que tenía de enviar provisión a los que acá estaban, creyendo que al menos entre sí vivían en paz, enviaba; el capitán de las cuales fue un caballero que se llamó Pero Hernández Coronel, alguacil mayor desta isla que había llevado consigo el almirante, del cual en el cap. 82 se hizo mención.

De cómo los indios pagan los pleitos extranjeros
Todos estos levantamientos y disensiones de entre estos alzados y no alzados resultaban en grandes aflicciones, angustias, trabajo y daños de los indios, porque dondequiera que llegaban los unos o los otros les comían los bastimentas, los llevaban con cargas de tres y cuatro arrobas a cuestas, les hacían mil fuerzas y violencias en las personas e hijos y mujeres, mayormente los de Francisco Roldán, que más perdida y desenfrenada, en esto y en todo, tenían la vergüenza. En fin, los unos y los otros, sin temor de Dios ni mancilla destas inocentes gentes, los mataban y destruían por exquisitas y nuevas maneras de crueldad; y acaecía no muy raras veces, sino muchas y cada día, que por su pasatiempo asaeteaba el indio para probar si lo pasaba con su ballesta; y hacían pasar un indio, para con su espada cortarlo por medio; pasaba el cordero y dábale un revés, y porque no le cortaba de un golpe, tomaba a hacer que pasase otro y otros, y así despedazaban cuantos se les antojaban, riendo. Si con las cargas de cuatro arrobas que llevaban se cansaban, desjarretábanlos y echaban las cargas por sobrecargas a otros; y también a las mujeres, las cuales, por no poder llevar la carga, darle de estocadas y echar la carga de aquélla sobre las otras, y caer otra con la que llevaba, y luego también matarla. Y otras execrables crueldades, que nunca fueron por hombres imaginadas.

Para fray Bartolomé, los problemas causados por Roldán fueron un castigo del cielo para los hermanos Colón

Estas cosas se hacían en tanto que el almirante negociaba en Castilla su despacho para venirse, y fueron semilla de donde nació su caída, como parecerá. Y parece que Dios las permitía (salvos sus secretos y rectos juicios), por afligir al almirante y a sus hermanos, por la injusticia, injurias, daños y crueldad que en las guerras contra estas inocentes gentes habían cometido, y después dellas, en les imponer los tributos que no debían, y para obviar también que en lo por venir más no le ofendiesen, y la total consumación dellas, que otros hicieron, a él ni a ellos no se imputase, usando de misericordia con él y con ellos.

Porque, según el ansia que tenía el almirante de que hubiesen provecho los reyes, para que los gastos que habían hecho recompensasen y los que hacían no los sintiesen, de donde procedía gran disfavor y abatimiento y casi anihilación de la negociación destas Indias, tomando dello los émulos del almirante, a quien nunca él había ofendido, ocasión para abatirlo, diciendo a los reyes que era todo burla cuanto de las riquezas y oro destas Indias afirmaba y ofrecía, pues no hacían sino gastar en los sueldos de la gente que acá enviaban y mantenimientos que proveían y no sacaban provecho alguno de todo ello, de donde temía que los reyes alzasen las manos del negocio, y así, sus grandes trabajos y angustias y malas noches y peores días que en los descubrimientos destas partes había padecido pereciesen y él quedase o cayese del estado a que Dios le había subido en perpetua pobreza y sin abrigo, tengo por cierto que, si no le fuera impedido con la gran adversidad que al cabo le vino, con hacer injusta y tiránicamente destas gentes esclavos y sacarlos y pagar con ellos la gente que acá venía y enviar dellos dineros a los reyes o al menos suplir los gastos que los reyes hacían, él acabara en muy poco tiempo de consumir toda la gente desta isla.

Sin embargo, los reyes ratifican al almirante sus privilegios anteriores y le dan otros nuevos

Los Católicos reyes, como muy agradecidos y virtuosísimos príncipes, conociendo el gran servicio que habían del almirante recibido, y vistos y considerados sus grandes trabajos y el poco provecho que había hasta entonces habido, hiciéronle nuevas mercedes en todo aquello que él les suplicó, y aun otras que él no había pedido, allende que le confirmaron de nuevo las viejas que le habían hecho y todos sus privilegios al principio concedidos. Y lo primero, confirmáronle todos los capítulos y mercedes del contrato que hizo con los reyes antes que viniese a descubrir y todos los títulos y preeminencias que en santa Fe le concedieron, y después, desde a pocos días, se las ratificaron, entrados en la ciudad de Granada, y confirmaron en la ciudad de Barcelona, según que en los capítulos 33 y 80 largamente pusimos.

Comienza el tercer viaje de Colón, ahora con el peligro de naves francesas en guerra: pasa otra vez por las islas Canarias

Partió, pues, nuestro primer almirante en nombre de la Santísima Trinidad (como él dice y así siempre solía decir), del puerto de San Lúcar de Barrameda, miércoles, 30 días de mayo, año de 1498, con intento de descubrir tierra nueva, sin la descubierta, con sus seis navíos. «Bien fatigado, dice él, de mi viaje, que donde esperaba descanso cuarido yo partí destas Indias, se me dobló la pena». Esto dice por los trabajos y nuevas resistencias y dificultades con que había habido los dineros para despacharse y los enojos recibidos sobre ello con los oficiales del rey, y los disfavores y mal hablar que las personas que le podían con los reyes dañar a estos negocios de las Indias daban; para remedio de lo cual le parecía que no le bastaba lo mucho trabajado, sino que de nuevo le convenía, para cobrar nuevo crédito, trabajar.

Y porque entonces estaba rota la guerra con Francia, túvose nueva de una armada de Francia, que aguardaba sobre el Cabo de san Vicente al almirante para tomarlo. Por esta causa deliberó de hurtarles el cuerpo, como dicen y hace un rodeo enderezando su camino derecho a la isla de la Madera. Llegó a la isla del Puerto santo, jueves, 7 de junio, donde paró a tomar leña y agua y refresco. Y oyó misa; y hallóla toda alborotada y alzadas todas las haciendas, muebles y ganados, temiendo no fuesen franceses. Y luego aquella noche se partió para la isla de la Madera, que (como arriba en el cap. 36 se dijo) está de allí 12 o 15 leguas, y llegó a ella el domingo siguiente, a 10 de junio. En la villa le fue hecho muy buen recibimiento y mucha fiesta por ser allí muy conocido, que fue vecino de ella en algún tiempo. Estuvo allí, proveyéndose cumplidamente de agua y leña y lo demás necesario para su viaje, seis días. El sábado, a 16 de junio, partió con sus seis navíos de la isla de la Madera, y llegó martes siguiente a la isla de la Gomera. En ella halló un corsario francés con una nao francesa y dos navíos que había tomado de castellanos, y como vio los seis navíos del almirante dejó las anclas y el un navío, y dio de huir con el otro el francés. Envía tras él al un navío, y como vieron seis españoles, que iban en el navío que llevaba tomado; ir un navío en su favor; arremeten con otros seis franceses que los iban guardando, y por fuerza métenlos debajo de cubierta y así los trajeron.

Aquí en la isla de la Gomera determinó el almirante de enviar los tres navíos derechos a esta isla Española porque si él se detuviese, diesen nueva de sí y alegrar y consolar los cristianos con la provisión de los bastimentos; mayormente dar alegría a sus hermanos el adelantado y don Diego, que estaban por saber dél harto deseosos. Puso por capitán de un navío a un Pedro de Arana natural de Córdoba, hombre muy honrado y bien cuerdo, el cual yo muy bien conocí, hermano de la madre de don Hernando Colón, hijo segundo del almirante y primo de Diego de Arana, el que quedó en la fortaleza eón tos treinta y ocho hombres que halló a la vuelta muertos el almirante. El otro capitán del otro navío se llamó Alonso Sánchez de Carvajal, regidor de la ciudad de Baeza, honrado caballero. El tercero, para el otro navío, fue Juan Antonio Columbo, genovés, deudo del almirante, hombre muy capaz y prudente y de autoridad y con quien yo tuve frecuente conversación.

Más hacia el sur llega a las islas de Cabo Verde, cerca de la costa de Guinea, de donde, abastecido, emprende la ruta de América

Miércoles, 4 días de julio, mandó alzar y dar las velas de aquella isla de Santiago, en la cual dice que después que a ella llegó, nunca vio el Sol ni las estrellas, sino los cielos cubiertos de tan espesa neblina, que parecía que la podían cortar con cuchillo, y calor intensísimo que los angustiaba y mandó gobernar por la vía del Sudueste, que es camino que lleva desde aquellas islas al Austro y Mediodía, en nombre, dice él, de la santa e Individua Trinidad, porque entonces estaría Leste-Ueste con las tierras de la Sierra Leona y Cabo de santa Ana, en Guinea, que es debajo de la línea equinoccial, donde dice que debajo de aquel paralelo del mundo se halla más oro y cosas de valor; y que después navegaría, placiendo a Nuestro Señor, al Poniente, y de allí pasaría a esta Española, en el cual camino vería la opinión del rey don Juan, susodicha. Y que pensaba experimentar lo que decían los indios desta Española, que había venido a ella de la parte del Austro y del Sudeste gente negra, y que trae los hierros de las azagayas de un metal a que llaman guanin, de lo cual había enviado a los reyes hecho el ensaye, donde se halló que de treinta y dos partes, las dieciocho eran de oro y las seis plata y las ocho de cobre.

El cielo se llena de innumerables aves, junto al Atlántico está la isla de Trinidad

El domingo, 22 de julio, a la tarde, ya que iba con el buen tiempo, vieron pasar innumerables aves del Uessudueste hacia el Nordeste, dice que era gran señal de tierra. Lo mismo vieron el lunes siguiente y los días después, uno de los cuales vino a la nao del almirante un alcatraz y otros muchos parecieron otro día, y las otras aves que se llaman rabihorcados. Al decimoséptimo día del buen tiempo que llevaba, esperaba el almirante ver tierra, por las dichas señales de las aves vistas. Y como no la vio el lunes, otro día, martes, 31 días de julio, como le faltase ya el agua, deliberó de mudar derrota, y ésta era el Ueste, y se acostar a la mano derecha e ir a tomar a la isla Dominica o alguna de los caníbales, que hoy llaman los Caribes; y así mandó gobernar al Norte, cuarta del Nordeste, y anduvo por aquel camino hasta mediodía.

«Pero como Su Alta Majestad, dice él, haya siempre usado de misericordia conmigo, por acercamiento y acaso, subió un marinero de Huelva, criado mío, que se llamaba Alonso Pérez, a la gavia, y vio tierra al Güeste, y estaba 15 leguas della. Y lo que pareció della fueron tres mogotes o tres montañas». Estas son sus palabras.

Puso nombre a esta tierra la isla de la Trinidad, porque así lo llevaba determinado, que la primera tierra que descubriese así se nombrase.

«Y plugo, dice él, a Nuestro Señor, por su Alta Majestad, que la vista primera fueron todos juntos tres mogotes, digo, tres montañas, todas a un tiempo y en una vista». «Su alta potencia por su piedad me guíe, dice él, y en tal manera, que haya Él mucho servicio, y Vuestras Altezas mucho placer; que es cierto que la hallada desta tierra, en esta parte, fue gran milagro, tanto como la hallada del primer viaje». Estas son sus palabras.

Por intuición, Colón da por fin con tierra firme, es decir, con el continente americano, no con el rosario de islas que hasta el momento conociera

Vio muchas labranzas por luengo de costa y muchas poblaciones. Vio desde allí, hacia la parte del Sur o Austro, otra isla[8] que el luengo dellas iba más de 20 leguas; y bien pudiera decir 500, porque ésta es la Tierra Firme, de la cual, como vio un pedazo, parecióle que sería isla; a ésta puso nombre la isla santa. Dice aquí que no quiso tomar algunos indios por no escandalizar la tierra. Del Cabo de la Galera a la punta donde tomó el agua, que creo que la nombró la Punta de la Playa, dice que habiendo sido gran camino, y corríase Leste Ueste (quiere decir que de Levante a Poniente se andaba), no había puerto en todo aquel camino, pero era tierra muy bien poblada y labrada y de muchas aguas y arboledas muy espesas, la cosa más hermosa del mundo, y los árboles hasta la mar. Es aquí de saber, que cuando los árboles de la tierra llegan hasta la mar, es señal que aquella costa de mar no es brava, porque cuando es brava no hay árbol por allí alguno, sino escombrado arenal. La corriente surgente, que es la que viene de arriba, y la montante, que es la que para arriba sube de abajo, dice que parece ser grande. La isla que le queda al Sur dice ser grandísima, porque iba ya descubriendo la Tierra Firme, aunque no estimaba sino que isla era. Dice que vino a buscar puerto de luengo de la isla de la Trinidad, jueves, dos días de agosto, y llevó hasta el cabo de la isla de la Trinidad, que es una punta, a la cual puso nombre la Punta del Arenal, que está al Poniente. Por manera que ya era entrado en el golfo que llamó de la Ballena, donde padeció gran peligro de perder todos los navíos, y él aún no sabía que estaba cercado de tierra, como se verá. Este golfo es cosa maravillosa y peligrosa por el río grandísimo que entra en él, que se llama Yuyaparí, la última sílaba luenga. Este viene de más de 300 y creo que de 400 leguas, y las 300 se han ido por él arriba, dello con nao y dello con bergantines y dello con grandes canoas. Y como sea grandísimo el golpe del agua que trae siempre, mayormente en este tiempo de julio y agosto, en que por allí el almirante andaba, que es tiempo de muchas aguas, como en Castilla por octubre y noviembre, y así

---

8   Nota marginal de Las Casas: «Esta es Tierra Firme, y así descubrió la Tierra Firme miércoles, io de agosto de 1498 años».

quería naturalmente salir a la mar, la mar con ímpetu grande, de su misma naturaleza querría quebrar en la tierra, y como aquel golfo esté cercado de Tierra Firme por una parte, y de otra la isla de la Trinidad, y así sea estrechísimo para tan impetuoso poder de aguas contrarias, es necesario que cuando se junten hay entre ellas terrible pelea y peligrosísimo, para los que allí se hallaren, combate.

Buen observador, el almirante contempla a los nativos y describe sus cuerpos, sus pelos y sus armas

Dice aquí el almirante que éstos todos eran mancebos y muy bien dispuestos y ataviados, aunque no creo que traían mucha seda ni brocado, de lo cual también creo que los españoles y el almirante más se gozaran, pero venían ataviados de arcos y flechas y tablachinas; no eran tan bazos como otros, antes más blancos que otros que hubiese visto en estas Indias, y de muy buenos gestos y hermosos cuerpos, los cabellos largos y llanos, cortados a la guisa de Castilla. Traían la cabeza atada con un pañezuelo de algodón tejido de labores y colores, el cual creía el almirante que era almáizar. Otros destos peñezuelos dice que tenían ceñido y se cobijaban con él en lugar de pañetes. Dice que no son negros, puesto que estén cerca de la equinoccial, sino de color india, como todos los otros que ha hallado. Son de muy linda estatura, andan desnudos, son belicosos, traen los cabellos muy largos, como las mujeres en Castilla, traen arcos y flechas con plumas y al cabo dellas un hueso agudo con espina, como un anuelo, y traen tablachinas, lo que hasta aquí no había visto. Y según las señas y meneos que hacían, dice que lo pudo comprender, ellos creían que venía el almirante de la parte del Sur, por lo cual juzgaba que a la parte del Sur debía de haber tierras grandes, y decía bien, pues tan grande es la Tierra Firme que gran parte ocupa del Sur.

Tal es el caudal de agua dulce (el río Orinoco), que la razón le indica hallarse ante un continente. Hay ostras y papagayos

Las aguas corrían al Poniente más que el río de Sevilla; crecía y menguaba el agua del mar 65 pasos y más que en Barrameda, que podían poner a monte carracas. Dice que aquella corriente va tan recia por ir entre aquellas dos islas, la Trinidad y la que llamó santa y después adelante llamó isla de Gracia. Y dice isla a Tierra Firme, porque ya entraba por entre ambas, que están apartadas 2 leguas, que es como un río, como parece por la carta. Hallaron frutas de las desta Española, y los árboles y las tierras y la templanza del cielo; en esta Española pocas frutas se hallaron de las naturalezas de la tierra. La templanza mucha más es la de aquella tierra que no la desta Española, si no es en las minas de Cibao y en algunas provincias otras della, como arriba se dijo.

Hallaron ostias y ostras muy grandes, pescado infinito, papagayos, grandes como pollas, dice. En esta tierra y en toda la Tierra Firme son los papagayos mayores que ninguno de los destas islas, y son verdes, la color muy claros como blancaza, pero los de las islas son más verdes y color algo más escura. Tienen todos los de la Tierra Firme los pescuezos de color amarillo como manchas, y las puntas de arriba de las alas con manchas coloradas y algunas plumas amarillas por las mismas alas. Los destas islas ninguna cosa tienen amarilla; los pescuezos tienen colorados a manchas, los desta Española tienen un poco blanco encima del pico; los de Cuba tienen aquello colorado y son mas lindos; los de la isla de san Juan creo que tiran a los desta isla, y no he mirado si también los de Jamaica; finalmente, parece que son en algo diferentes los de cada isla.

En esta Tierra Firme, donde ahora está el almirante, hay una especie de papagayos que creo que no hay en otra parte, muy grandes, poco menos que gallos, todos colorados con algunas plumas en las alas, azules y algunas prietas. Estos jamás hablan, no tienen otra cosa de que se goce dellos, sino de la vista; en lo demás son desgraciados. Llámanse por los indios guacamayas. Todos los demás es cosa maravillosa lo que parlan, si no son los muy chiquitos, que se llaman xaxaves, como arriba, en el capítulo[9] dijimos.

---

9   En blanco en el manuscrito original.

Descubrimiento de la península de Paria, en la actual Venezuela
Estando en esta Punta del Arenal, que es fin de la isla de la Trinidad, vio hacia el Norte, cuarta del Nordeste, a distancia de 15 leguas, un cabo o punta de la misma Tierra Firme, y ésta fue la que se llama Paria; el almirante, creyendo que era otra isla distinta, púsola nombre la isla de Gracia, la cual dice que va al Ueste, que es el Poniente, y que es altísima tierra, y dijo verdad, porque por toda aquella Tierra Firme van grandes cordilleras de sierras muy altas.

Este mar es dulce

Navegó, domingo, 5 de agosto, S leguas de la punta del Cabo de Lapa, que es el cabo oriental de la isla de Gracia; vio muy buenos puertos, juntos uno de otro, y casi toda esta mar dice que es puerto, porque está cercada de islas y no hace ola alguna. Llamaba islas a las partes que se le abrían de Tierra Firme, porque no hay más de sola la isla de la Trinidad y la Tierra Firme, que cerque a este golfo que él dice ahora mar.

Envió a tierra las barcas, y hallaron pescado y fuego y rastro de gente, y una casa grande descubierta. De allí anduvo 8 leguas, donde halló puertos buenos. Esta parte desta isla de Gracia dice ser tierra altísima y hace muchos valles, y todo debe ser poblado, dice él, porque lo vio todo labrado. Los ríos son muchos, porque cada valle tiene el suyo, de legua a legua. Hallaron muchas frutas y unas como uvas y de buen sabor, y mirabolanos muy buenos, y otras como manzanas, y otras, dice, como naranjas, y lo de dentro es como higos. Hallaron infinitos gatos paúlos; las aguas, dice, las mejores que se vieron. Esta isla, dice, es toda llena de puertos; esta mar es dulce, puesto que no del todo, sino salobre como la de Cartagena; más abajo dice que es dulce como la del río de Sevilla, y esto causaba cuando topaba con alguna hilera del agua de la mar, que salobraba la del río.

Los indios le dicen que más abajo hay espejos de oro
Dio luego la vela hacia una punta que dice del Aguja, el cual nombre no dice cuándo lo puso, y de allí dice que descubrió las más hermosas tierras que hayan visto y las más pobladas. Y en llegando a un lugar, al cual por su hermosura llamó Jardines, donde había infinitas casas y gentes, y los que había tomado dijéronle que había gente vestida, por lo cual acordó de surgir, y vinieron a los navíos infinitas canoas. Estas son sus palabras. Cada uno dice que traía su pañezuelo tan labrado a colores, que parecía un almaizar, con uno atada la cabeza, y con otro cubrían lo demás, como ya se ha tocado. Destas gentes que hoy vinieron a los navíos, algunos dice que traían algunas hojas de oro al pescuezo, y uno de aquellos indios que traía tomados le dijo que por allí había mucho oro, y que hacían dello espejos grandes, y mostraba como lo cogían; dice espejos, porque debía de dar el almirante algunos espejos, y por señas debía el indio decir que del oro hacían de aquéllos, no porque les entendiese palabra.

Se pelean las aguas dulces y saladas. Los navíos se sienten atrapados en la boca de un dragón, animal que da nombre a una de las salidas del gran río

Lunes, 13 de agosto, en saliendo la Luna, levantó las anclas de donde surgido estaba, y vino hacia el Cabo de Lapa, que es el de Paria, para salir al Norte por la boca que llamó del Drago, por la siguiente causa y peligro en que allí se vio.

La Boca del Drago dice que es un estrecho que está entre la Punta de Lapa, que es el fin de la isla de Gracia, que, como muchas veces está dicho, es la punta de la Tierra Firme y de Paria al Oriente, y entre el Cabo Boto, que es el fin de la isla de la Trinidad, al Poniente. Dice que habrá entremedias de los dos cabos legua y media; esto debe ser pasadas cuatro isletas que dice haber allí en medio atravesadas, aunque ahora no vemos más de dos, por las cuales no debe haber salida, y solo debe quedar la angostura de la legua y media para poder salir los navíos por ella, porque de la Punta de Lapa al Cabo Boto 5 leguas hay, como en el cap. 133 dijimos. Llegando a la dicha boca a la hora de tercia, halló una gran pelea entre el agua dulce por salir a la mar, y el agua salada de la mar por entrar dentro en el golfo, y era tan recia y temerosa, que levantaba una gran loma, como un cerro muy alto y con esto traían un ruido y estruendo ambas aguas de Levante a Poniente, muy largo y espantoso, con hilero de aguas, y tras uno venían cuatro hileros uno tras otro, que hacían corrientes que peleaban; donde pensaron perecer, no menos que en la otra boca de la Sierpe del Cabo del Arenal, cuando entraban en el golfo. Fue doblado este peligro más que el otro, porque les calmó el viento con que esperaban salir, y quisieran surgir, que les fuera algún remedio aunque no sin peligro, por los combates de las aguas; pero no hallaron fondo, porque era muy honda allí la mar. Temieron, calmado el viento, no los echase el agua dulce o salada a dar en las peñas con sus corrientes, donde no tuviesen algún remedio. Dicen que dijo aquí el almirante, aunque no lo hallé escrito de su mano, como hallé lo susodicho, que si de allí se escapaban podían hacer cuenta que se escapaban de la boca del drago, y por esto se le quedó este nombre, y con razón. Plugo a la bondad de Dios, que del mismo peligro les salió la salud y liberación, porque la misma agua dulce, venciendo la salada, echó sin sentirlo los navíos fuera, y así fueron puestos en salvo; porque cuando Dios quiere que uno o muchos sean de vida, el agua les es medicina. Así que salió, lunes, 13 de agosto, del dicho golfo y de la Boca del Drago peligrosa. Dice que hay desde la primera tierra de la Trinidad hasta el golfo que descubrieron los marineros que envió en la carabela, donde vieron los ríos y él no los creía, al cual golfo llamó el de las Perlas, y esto es al rincón de todo el golfo grande, que nombró de la Ballena, donde tantos días anduvo de tierra cercado, 48 leguas; yo le añado que son buenas 50, como aparece en la carta del marear.

Más al norte descubre la isla de las Perlas. De tanto vigilar los mares y las tierras, Colón está enfermo de los ojos
Después llegó cerca de la isla Margarita y llamóla Margarita, y a otra cerca della puso nombre El Martinet. Esta Margarita es una isla que tiene de luengo 15 leguas y de ancho 15 o 16, y es muy verde y graciosa por de fuera, y por de dentro es harto buena, por lo cual está poblada. Tiene cabe sí, a la luenga, Leste Güeste, tres isletas y dos detrás dellas, Norte-Sur; el almirante no vio más de las tres, como iba de la parte del Sur de la Margarita. Está 6 o 7 leguas de la Tierra Firme, y por esto hace un golfete entre ella y la Tierra Firme, y en medio del golfete están dos isletas, Leste Güeste, que es de Levante a Poniente, junto la una a la otra; la una se llama Coche, que quiere decir venado, y la otra Cubagua, que es la que arriba en el cap. 135, dije, donde se han cogido infinitas perlas. De manera que el almirante, aunque no sabía que en aqueste golfete se criaban las perlas, parece que adivinó en llamar esta isleta la Margarita; y estuvo muy cerca della, puesto que no lo expresa, porque dice que estaba 9 leguas de la isla Martinet, la cual estaba junto, dice él, a la Margarita, de la parte del Norte. Y dice junto, porque como iba por la parte del Sur de la Margarita, parecía estar junto, aunque está 8 o 9 leguas; y ésta es la isleta de la parte del Norte, cercana a la Margarita, que ahora se llama isla Blanca, y dista las 8 o 9 leguas de la Margarita, como dije. Por aquí parece que debía estar junto o cerca de la Margarita el almirante, y creo que porque le faltó el viento, por allí surgió. Finalmente, de todos los nombres que puso a islas y cabos de la Tierra Firme que tenía por isla de Gracia, no han quedado ni se platican hoy sino la isla de la Trinidad y la Boca del Drago y los Testigos y la Margarita.

Aquí andaba el almirante muy malo de los ojos, de no dormir, porque siempre, como andaba entre tantos peligros de entre islas, así lo tenía de costumbre, y lo debe tener cualquiera que trae cargo de navíos, por la mayor parte, como son los pilotos. Y dice que más fatigado se vio aquí, que cuando descubrió la otra tierra firme, que es la isla de Cuba (la cual aún pensaba que era tierra firme, hasta ahora), porque se le cubrieron los ojos de sangre; y así eran por la mar sus trabajos incomparables. Por esta causa estuvo esta noche en la cama y luego se halló más fuera en la mar de lo que se hallara si él velara, por lo cual no se descuidaba ni fiaba de los marineros, ni debe fiarse de nadie el que es diligente y perfecto piloto, porque a su cuenta y sobre su cabeza están todos los que van a la nao, y lo más propio y necesario que al ejercicio de su oficio pertenece es velar y no dormir todo el tiempo que navega.

Los razonamientos del agua: hay tierra firme, lo que no hace sino confirmar lo que ya se decía en el Antiguo Testamento

Por manera, que la primera razón que le persuadía ser tierra firme la que llamó santa cuando entró en el golfo por la boca de la Sierpe, cuando vio la Trinidad, y la que después llamó isla de Gracia, fue salir tanta agua dulce que endulzaba tan grande golfo. Y argüía muy bien, porque gran golpe de agua o río muy grande no se puede congregar, si no es de muchas fuentes; las muchas fuentes causan muchas quebradas, son causa de muchos arroyos, los muchos arroyos hacen muchos ríos chicos y después se ayuntan grandes; todo lo cual ptesupone necesariamente grandísimo discurso y longura de tierra. Esta parece que no puede ser isla por grande que sea, luego parece que deba ser tierra firme; y era bonísima la conjetura por este argumento. La segunda razón tomaba de la autoridad de Esdras, que dice que las seis partes de la tierra quedaron enjutas, mandando Dios que todas las aguas se encerrasen en un lugar que es la mar, y aquel texto dice así: *Et tertia die imperasti aquis congregan in septima parte terrae, sex vero partes siccasti et conservasti*, etc. Arguye, pues, así: la autoridad de Esdras afirma ser las seis partes del mundo tierra, y la una de agua; toda la tierra que sabemos parece ser poca, según la mar vemos tan grande; luego esta tierra debe ser grande, más que isla, que llamamos firme para que concuerde con la autoridad de Esdras, que tenga seis partes la tierra, respectivamente comparadas a una que ha de tener el agua, y por eso no es mucho, ni difícil creer que ésta sea tierra firme.

No fue de otro, insiste fray Bartolomé, la gloria de encontrar tierra firme, primero fue Colón

Por todo lo susodicho en los capítulos precedentes, asaz parece manifiesto haber sido el primero el almirante don Cristóbal Colón, por quien la divina Providencia tuvo por bien de descubrir aquesta grande nuestra Tierra Firme, así como lo tomó por instrumentos y eligió por medio de que al mundo se mostrasen todas estas tantos siglos encubiertas océanas Indias.

Donde Bartolomé de las Casas defiende a Colón de la confusión, involuntaria, creada por Américo Vespucio

Y es bien aquí de considerar la injusticia y agravio que aquel Américo Vespucio parece haber hecho al almirante, o los que imprimieron sus Cuatro Navegaciones, atribuyendo a sí o no nombrando sino a sí solo, el descubrimiento desta Tierra Firme. Y por esto todos los extranjeros que destas Indias en latín o en su lenguaje materno escriben y pintan o hacen cartas o mapas, llámanla América, como descubierta y primero hallada por Américo. Porque como Américo era latino y elocuente, supo encarecer el primer viaje que hizo y aplicarlo a sí mismo, como si fuera él por principal y capitán dél, habiendo ido por uno de los que fueron con el capitán Alonso de Hojeda, del que arriba dijimos, o por marinero o porque puso como mercader alguna parte de dineros en el armada, mayormente cobró autoridad y nombre por haber dirigido las Navegaciones que hizo al rey Renato, de Nápoles. Cierto usurpan injustamente al almirante la honra y honor y privilegios, que por ser el primero que con sus trabajos, sudores e industria dio a España y al mundo el conocimiento desta Tierra Firme, como lo había dado de todas estas occidentales Indias, merece, el cual privilegio y honor reservó la Divina Providencia para el almirante don Cristóbal Colón, y no para otro, y por esto nadie debe presumir de se lo usurpar ni dar a sí ni otro, sin agravio e injusticia y pecado, cometida en el almirante, y por consiguiente, sin ofensa de Dios.

Los descubrimientos de Alonso de Hojeda, también en tierra firme, fueron después, asegura nuevamente fray Bartolomé

Esto así supuesto, veamos cuándo partió América Vespucio y con quién, para descubrir o negociar en estas partes; para entendimiento de lo cual, sepan los que esta Historia leyeren, que en este tiempo estaba el susodicho Alonso de Hojeda en Castilla, y llegó la relación deste descubrimiento y la figura de la tierra que el almirante envió luego a las reyes, lo cual todo venía a manos del obispo don Juan Rodríguez de Fonseca, que ya creo que era obispo de Palencia, que tenía cargo de la expedición y negocios destas Indias desde su principio, siendo él arcediano de Sevilla, como arriba queda asaz dicho.

El dicho Alonso de Hojeda era muy querido del obispo, y como llegó la relación del almirante y la pintura dicha, inclinóse Alonso de Hojeda ir a descubrir más tierra por aquel camino que el almirante llevado había, porque, descubierto el hilo y en la mano puesto, fácil cosa es llegar hasta el ovillo. Ayudóle a ello haber él colegido de los avisos que el almirante procuraba saber de los indios, cuando con el almirante al primer viaje vino, que había por estas tierras o después destas islas tierra firme; y como tuvo el favor y voluntad del obispo, buscó personas que le armasen algún navío o navíos, porque a él no le sobraban los dineros, y halló en Sevilla y por ventura en el puerto de santa María, y de allí partió para el dicho descubrimiento, donde él era conocido, y porque por sus obras de hombre esforzado y valeroso era señalado, quien cuatro navíos le armase. Danle los reyes sus provisiones e instrucciones y constitúyenle por capitán para que descubriese y rescatase oro y perlas y lo demás que hallase, dando dello el quinto a los reyes, y tratase de paz y amistad con las gentes a donde llegar le acaeciese. Y así, el primero que después del almirante fue a descubrir, no fue otro sino Alonso de Hojeda y los que llevó y quiso llevar a su compañía. Trabajó de llevar todas las personas que pudo, marineros y que más de las navegaciones destas tierras sabían, que no eran otros sino los que habían venido y andado con el almirante. Estos fueron los principales, en aquel tiempo: uno dellos, Juan de la Cosa, vizcaíno, que vino con el almirante cuando descubrió esta isla, y después fue también con él al descubrimiento de las islas de Cuba y Jamaica, laboriosísimo viaje hasta entonces. Llevó también Hojeda consigo al piloto Bartolomé Roldán, que en esta ciudad de santo Domingo fue muy nombrado y todos conocimos, el cual edificó desde sus cimientos gran parte de las casas que se hicieron y son vivas en las cuatro calles, y éste había venido con el almirante en el viaje primero, y después también con él al descubrimiento de Paria y Tierra Firme. Trajo también Hojeda al dicho América, no sé si por piloto o como hombre entendido en las cosas de la mar y docto en cosmografía, porque parece que el mismo Hojeda lo pone entre los pilotos que trajo consigo. Y lo que creo y colijo del prólogo que hace al rey Renato de Nápoles en el libro de sus Cuatro navegaciones el dicho América, él era mercader, y así lo confiesa; debía, por aventura, poner algunos dineros en la armada de los cuatro navíos y tener parte en los provechos que de allí se hubiesen, y aunque América encarama mucho que el rey de Castilla hizo el armada y por su mandato iban a descubrir, no es así, sino que se juntaban tres o cuatro o diez que tenían algunos dineros y pedían y aun importunaban por licencia a los reyes, para ir a descubrir y granjear, procurando su provecho e intereses. Así que Hojeda, por traer la figura que el almirante había enviado de la Tierra Firme que... había descubierto a los reyes, y por pilotos a los marineros que habían venido con el almirante, vino a descubrir y descubrió la parte que abajo, cap. 166, se dirá, de Tierra Firme.

La confusión de América

Desta falsedad o yerro de péndola o lo que haya sido, y de saber bien y por buen estilo relatar y parlar y encarecer Américo sus cosas y navegación, y callar el nombre de su capitán, que fue Hojeda, y no hacer más mención que de sí mismo, y escribir a rey,[10] han tomado los escritores extranjeros ocasión de nombrar la nuestra Tierra Firme América, como si Américo solo, y no otro con él y antes que todos, la hubiera descubierto. Parece, pues, cuánta injusticia se hizo, si de industria se le usurpó lo que era suyo, al almirante don Cristóbal Colón, y con cuánta razón al almirante don Cristóbal Colón (después de la bondad y providencia de Dios, que para esto le eligió), este descubrimiento y todo lo sucedido a ello se le debe, y cómo le pertenecía más a él, que se llamara la dicha Tierra Firme Columba, de Colón o Columbo que la descubrió, o la tierra santa o de Gracia, que él mismo por nombre le puso, que no de Américo denominarla América.

---

10   En *C.D.I.E.*: «al Renato».

No es solo un continente, nuevo y desconocido de los europeos, es además, y nada menos, que el Paraíso terrenal
Cuanto a sospechar que podía ser que el Paraíso terrenal estuviera en parte de aquella región, tampoco el almirante opinaba fuera de razón, supuestas las novedades y mudanzas que se le ofrecía, mayormente la templanza y suavidad de los aires y la frescura, verdura y lindeza de las arboledas, la disposición graciosa y alegre de las tierras, que cada pedazo y parte dellas parece un paraíso, la muchedumbre y grandeza impetuosa de tanta agua dulce, cosa tan nueva, la mansedumbre y bondad, simplicidad, liberalidad, humana y afable conversación, blancura y compostura de la gente.

Después de dos años y medio Colón vuelve a La Española
Partióse de allí, miércoles, 22 de agosto, y finalmente, con alguna dificultad por las muchas corrientes y las brisas que por allí son continuas y contrarias, llegó a este puerto de santo Domingo, viernes, postrero día de agosto del dicho año de 1498, habiendo partido de la Isabela para Castilla, jueves, 10 días del mes de marzo, año de 1496 años. Por manera que tardó en volver a esta isla dos años y medio menos nueve días.

Encuentra que todo está revuelto, que Roldán está alzado, que muchos quieren volver a España

Y porque el almirante deseaba por todas las vías y maneras que le fuesen posibles quitar tan gran escándalo y turbación como halló en esta isla, reduciendo aquéllos a toda paz y obediencia suya, porque siempre temblaba en la verdad de que los reyes supiesen cosa de esta isla de que hubiesen pesar, y veía cada día descrecer la estima desta su negociación destas Indias, que tantos sudores y angustias le habían costado, y descreciendo la estima, como tenía tantos adversarios juntos a los oídos de los reyes, de necesidad habían de menguar los favores y socorros reales, los cuales menguando, todo su estado se había de deshacer, pensó en comenzarlo desta manera. Ya está dicho arriba, que el mayor deseo que reinaba en todos los que en esta isla estaban de nuestra nación era que se les diese licencia para se ir a Castilla, y que el juramento que más se usaba fue: «Así Dios me lleve a Castilla», porque estaban por fuerza contra su voluntad y no se les daba licencia, porque no quedase la isla sola y los indios no matasen los pocos que quedaran, si alguno quisiera de voluntad quedar con el almirante. Así que, para dar alegría a todos los que en ella estaban y por consiguiente a los alzados con Francisco Roldán, mandó el almirante apregonar en 12 días de septiembre, siguiente al mes de agosto, que él había llegado y que en nombre de Sus Altezas daba licencia a todos los que se quisiesen ir a Castilla, y que les daría los bastimentas necesarios y navíos en que fuesen. Fue grande alegría la que todos, chicos y grandes, recibieron en este pueblo, y por toda la isla después que lo supieron, mayormente que había en este puerto de santo Domingo ocho o diez navíos, los seis que el almirante había sacado consigo de San Lúcar y las dos carabelas que envió primero, y otra y otras dos que el adelantado aquí tenía; déstos estaban cinco ya casi despachados y de camino para Castilla, y dos las vergas de alto, como dicen, o al menos muy propincuos a la partida en que el adelantado estaba para ir a proseguir lo que el almirante dejaba comenzado de la tierra de Paria, para descubrir toda la Tierra Firme.

Negociaciones con Roldán

Hablado que hubo el alcaide Ballester a Roldán y a su gente alzada, vínose para esta ciudad de santo Domingo a dar cuenta al almirante de la respuesta que dieron, y por ventura, trajo él la dicha su carta. Desque el almirante supo la respuesta y conoció no concordar con lo que los amigos de Roldán le habían rogado y suplicado, y certificado que quería venirse a él, y también porque habían dicho al alcaide Ballester que no querían que alguno viniese a ellos ni tratase con ellos de parte del almirante sino Alonso Sánchez de Carvajal, comenzó el almirante a sospechar vehementemente contra la fidelidad del Carvajal, y los que con el almirante estaban lo mismo, acumulando muchos indicios y conjeturas que parecían concluir y averiguar lo que sospechaban. Y uno fue no haber hecho tanto como parece que debiera en no recobrar los cuarenta hombres, que de los que traía de Castilla se le habían pasado. Lo segundo, por muchas pláticas que ambos habían tenido en el navío, estando juntos, y refrescos que le había dado. El tercero, porque había, según parece por una carta que el almirante escribió a los reyes, procurado de traer poder para ser acompañado del almirante, como Juan Aguado debía de haber referido muchas quejas de los malos tratamientos que decían que había hecho a los cristianos, y debía entonces quizá desto algo tratarse. Y dondequiera que el Carvajal se hallaba dijeron que se jactaba, publicando que venía por acompañado del almirante. Lo cuarto, porque idos los dos capitanes con los tres navíos y el Carvajal quedado para se venir por tierra a esta ciudad, envió Francisco Roldán con él cierta gente, y con ella por capitán a Pedro de Gámez, que era de los principales con quien había mucho hablado y comunicado cuando estuvo en los navíos, para que le acompañasen y guardasen hasta 6 leguas desta ciudad, por los indios que había en el camino. Lo quinto, porque se dijo que el mismo Carvajal indujo y provocó al Roldán y a los demás a que se viniesen hacia el Bonao, para que si el almirante se tardase o nunca viniese, que el Carvajal, como acompañado del almirante, y Francisco Roldán, como alcalde mayor, gobernasen esta isla, aunque pesase al adelantado. Lo sexto, porque venidos al Bonao, se carteaba con el Roldán y los demás y les enviaba cosas de las traídas de Castilla. Lo séptimo, porque decían que no querían que otro interviniese con ellos sino Carvajal, y aun que lo tomarían por capitán. Todos estos indicios parecían ser eficaces para dél sospechar.

Malas consecuencias

Porque, por ventura y aun sin ventura, si él no hubiera impuesto los tributos violentos o intempestivos, y para estas gentes más que insoportables, los reyes desta isla y súbditos suyos no desamaran su venida ni estada de los cristianos en sus tierras, ni exasperados de las vejaciones y fatigas que padecían por defenderse de quien los oprimía no se pusieran en armas, si armas se podían decir las suyas, y no más armillas de niños, y por título que se alzaban a quien no debían nada, él no les hiciera guerras en las cuales comenzaron y mediaron y perfeccionaron diversas maneras y muy nuevas de crueldades en estos corderos los cristianos, y para presumir más de sí, como se veían contra las gallinas gallos tan aventajados, crecíanles con la cruel ferocidad los ánimos; ni quizá cayera en él tanta ansia de enviar de indios hechos tan malamente esclavos los navíos cargados; y así, lo primero cesante, lo último con lo del medio cesara, y todo cesando, quizá no permitiera Dios que Francisco Roldán ni los demás rebeldes y tiranos contra él se levantaran ni cometieran en estas mansas y humildes gentes tantos y tan grandes estragos, lo cual no obstante, él floreciera y gozara felizmente del estado que misericordiosamente (como él siempre reconocía y confesaba, y por ello a Dios alababa), le había concedido, que al fin permitió (para su salvación, cierto, según yo creo) por las dichas causas fuese dél privado. Pero es de haber gran lástima que no advirtiese cuál fuese de sus angustias y caimiento en la estima y nombre deste su negocio de las Indias y de sus disfavores y adversidades la causa. Porque si la sintiera, no hay duda sino que como era de buena intención y deseaba no errar y todo lo enderezaba a honor de Dios, y como él siempre decía, de la santa Trinidad, todo lo enmendara y también la bondad divina su sentencia y castigo o lo revocara o lo templara.

Colón se ve obligado a despachar unas naves para España
Hiciéronse a la vela los cinco navíos, a 18 día del mes de octubre de aquel año de 1498, en los cuales fue mi padre a Castilla desta isla y pasaron grandes trabajos y peligros; fueron, como es dicho, cargados de indios hechos esclavos, y serian por todos seiscientos, y por los fletes de los demás, dio a los maestres doscientos esclavos. En ellos escribió el almirante a los reyes muy largo, en dos cartas, haciéndoles relación de la rebelión de Francisco Roldán y de los con él alzados, de los daños que habían hecho y hacían por la isla, haciendo robos y violencias, y que mataban a los que se les antojaba por no nada, tomando las mujeres ajenas e hijas y otros muchos males perpetrando por donde andaban.

El almirante explica a los reyes el problema de Roldán
Escribió también a los reyes en la angustia en que quedaba con el levantamiento y rebelión de Francisco Roldán, y en los tratos en que por atraerlo a obediencia y servicio de Sus Altezas andaba. Escribió más a los reyes que porque decía Francisco Roldán, que no tenía necesidad de perdón, porque no tenía culpa, y que el almirante era hermano del adelantado, era juez sospechoso, que trabajaba de concertar con él que fuese a Castilla, y que Sus Altezas fuesen los jueces; y que cuanto a la pesquisa e información sobre esto, para enviar a Sus Altezas, para que se hiciese con menos duda y sospecha, estuviesen a hacerla presentes Alonso Sánchez de Carvajal, con quien tenía pláticas, y el alcaide Miguel Ballester, y esta pesquisa fuese a Castilla, y Roldán y sus compañeros enviasen un mensajero a la corte, y en tanto que volviese respuesta de los reyes, se viniesen a servir como de antes solían, y si esto no querían, que se fuesen a la isla de san Juan, que estaba cerca de aquí, porque no anduviesen destruyendo esta isla, como robando de continuo la tenían destruida.

Mientras, cunde el mal ejemplo y Colón cede

Viéndose, pues, el almirante, cercado de tantas angustias y de todas partes, porque por una parte veía perderse la isla con los daños que aquéllos hacían a los indios; por otra, cesar los tributos y provechos de los reyes, que él tenía en el ánima por hacerlos gastos que acá hacían con tanta dificultad y tan pesadamente; por otra, los disfavores y émulos grandes que tenía; por otra, que la gente común que estaba con él o que no seguía actualmente a Roldán andaba inquieta y en corrillos, y fue avisado que estaban dos cuadrillas dellos para se alzar e ir robando por la tierra, diciendo con despecho que habiéndose alzado Francisco Roldán y los demás, cometiendo tan grandes crímenes y habiendo destruido esta isla, estaban ricos y se salían con todo ello, también ellos querían hacer lo mismo, y no andar en la obediencia del almirante perdidos. Y veía que no tenía gente de quien se fiase, si no era de muy pocos para les ir a la mano, prenderlos o resistirles; y queríanse ir a la provincia de Higuey, que está esta costa del Sur, al Levante, al cabo que llamo el almirante de san Rafael, hacia la Saona, porque habían imaginado que allí serían ricos de oro. Item, porque debiera de haber venido algún navío de Castilla, en el cual debía escribir el obispo de Badajoz, don Juan Fonseca, al almirante que estuviese la cosa suspensa, porque los reyes presto lo remediarían. Y esto debía ser por las nuevas que llevaron los cinco navíos, y esta suspensión veía el almirante que no podía sufrirse, pues tanto los daños y escándalos crecían.

Así que, considerando el almirante todos estos inconvenientes, en medio de los cuales se hallaba como entre las ondas de la mar (que algunas veces había experimentado) casi zabullido, acordó de escoger como menor mal conceder todas las cosas que contra toda razón y honestidad y justicia le pedían, con esperanza que los reyes tendrían información de todo y conocerían las culpas dellos y la fuerza que a él se hacía, y a la justicia real desacato, pidiéndole cosas, estando en tan extrema necesidad, que toda razón aborrecían, y, al fin, por concedérselas no le culparían. Todavía puso una cláusula el almirante, que todo aquello que otorgaba fuese con condición que cumpliesen los mandamientos de Sus Altezas y suyos y de sus justicias. Y a este propósito dice el almirante estas palabras: «Así que, por evitar este mal, con esperanza que Sus Altezas remediarían todo, y que será bien visto y manifiesto a quien leyere la dicha provisión, que el tenor della ni lo que en ella está no lleva razón, y es contra toda orden de justicia y fuera della, y que forzosamente se les firmó y otorgó, así como la otra del oficio del alcaldía, sobre lo cual, después de asentado todo y firmado esta primera provisión, porque él no quería que en ella hablase que había de tener el dicho Roldán superior, se alzó con toda la gente dando voces, y que ahorcada a mi gente que estaba en tierra, si luego no se embarcasen, por lo cual hube de firmar la dicha provisión como quiso, por el tiempo y causas susodichas». Estas son sus palabras. Ciertamente, manifiesta parece la ambición y malos respectos que aquel pobre Roldán pretendía, y la necesidad extrema en que el almirante se veía, y cuán contra su voluntad lo que firmaba concedía.

Más y más consecuencias de lo de Roldán

Así que, alcanzado del almirante todo lo que Roldán y los demás que se alzaron querían, luego comenzó Francisco Roldán a usar el oficio de alcalde mayor, y venido aquí a santo Domingo, y con la gente que trajo consigo, allegó mucha otra de la que aquí estaba de su compañía, casi mostrando no estar descuidado, sino sobre aviso cada y cuando se le ofreciese. Y con esta presunción y soberbia, porque el almirante tenía aquí un teniente que se llamaba Rodrigo Pérez, no lo consintió Roldán, diciendo al almirante que no había de haber teniente ni tener vara ninguno en toda la isla sino los que él pusiese. El almirante calló y sufrió y mandó al dicho su teniente Rodrigo Pérez que no trajese más la vara. Por aquí se podrá ver la protervia y maldad de aquél y la paciencia o sufrimiento y angustias del almirante. Mientras estuvieron aquí nunca se juntaban ni conversaban sino con los de su compañía; para con los otros siempre se mostraban zahareños, no se fiando de nadie, y velándose de noche, y no dejaban de hacer fieros y decir palabras temerarias y de alboroto, por lo cual mostraban bien claro no estar arrepentidos de sus maldades. Y habiendo de enviar el almirante cierta gente fuera a ver ciertas labranzas y traer pan, ninguno dellos quiso ir ni hacer lo que el almirante enviaba a mandar; bien parece la vida quel almirante podía entonces tener y lo que sufría. Y por esto, aunque mataban y hacían fuerzas y robos a los indios, no osaba a ninguno castigar ni aun reprender.

En 28 días de septiembre de aquel año de 1499, se pregonó la provisión del asiento que el almirante había tomado con Roldán y con ellos. Díjose que Francisco Roldán había repartido mucha cantidad de oro entre los que habían sido de su compañía. Despachó el almirante navíos a Castilla, no supe cuántos, para cumplir con lo capitulado, y a los que Francisco Roldán envió y se quisieron ir de su voluntad repartió el almirante a tres esclavos, y a algunos a dos, y a otros a uno, según le pareció.

En estos navíos estuvo determinado el almirante de se ir a Castilla y llevar consigo el adelantado, según entendí, para informar a los reyes de todo lo que había pasado con este Roldán, temiendo lo que no sabía que le estaba aparejado (y en gran manera lo acertara, como abajo se verá); pero porque sintió que una provincia de esta isla, que era la de los Ciguayos, de que arriba se ha hecho mención, a la cual el adelantado había hecho cruel guerra e injusta y prendido al rey della, como se vio en el cap. 121, vino sobre los cristianos que estaban esparcidos por la Vega, dice el almirante que se quedó. Y por su quedada deliberó de enviar a Miguel Ballester, alcaide de la Concepción, y a García de Barrantes, alcaide de Santiago, por procuradores e informadores de las cosas pasadas y presentes, como personas que habían sido testigos oculares de todas. Con éstos envió los procesos y testimonios que se habían hecho contra Roldán y los secuaces suyos, y escribió largo a los reyes con ellos. Suplicaba a los reyes que viesen aquellos procesos y mandasen inquirir y examinar de todo la verdad y conociesen sus penas y trabajos e hiciesen en ello lo que fuese su servicio.

Donde se relatan las hazañas de otros navegantes mientras Colón estaba sumergido en los lios del gobierno

Partió, pues, con cuatro navíos, por el mes de mayo, del puerto de Cádiz, Alonso de Hojeda y Juan de la Cosa por piloto ya experimentado por los viajes que había ido con el almirante, y otros pilotos y personas que también se habían hallado en los dichos viajes, y también América, el cual, como arriba queda dicho en el cap. 139, o fue como mercader o como sabio en las cosas de la cosmografía y de la mar. Partieron, digo, por mayo, según dice América, pero no como él dice año de 1497, sino el año de 99, como asaz queda averiguado. Su camino enderezaron hacia el Poniente, primero, desde las islas Canarias; después la vía del Austro. En veintisiete días llegaron (según dice el mismo América) a vista de tierra, la cual juzgaron ser firme, y no estuvieron en ello engañados. Llegados a la más propincua tierra, echaron anclas obra de una legua de la ribera, por miedo de no dar en algún bajo. Echaron las barcas fuera y aparéjanse de sus armas; llegan a la ribera, ven infinito número de gente desnuda; ellos reciben inestimable gozo. Los indios páranselos a mirar como pasmados; pónense luego en huida al más propincuo monte; los cristianos, con señales de paz y amistad, los halagaban, pero ellos no curaban de creerlos. Y porque había echado las anclas en la playa y no en puerto, temiendo no padeciesen peligro, si viniese algún recio tiempo, alzaron y vanse la costa abajo a buscar puerto, viendo toda la ribera llena de gente, y a cabo de dos días lo hallaron bueno. Surgieron media legua de tierra; pareció infinita multitud de gentes que venían a ver cosa tan nueva.

De cómo Vicente Yañez Pinzón descubrió Brasil cuando Colón estaba en tanto pleito
Después de Cristóbal Guerra o poco después que salió de Castilla para su primer viaje, por el mes de diciembre y fin del año de 1499, Vicente Yáñez Pinzón, hermano de Martín Alonso Pinzón, que vinieron con el almirante al principio del descubrimiento destas Indias, según que arriba se ha largamente contado, con cuatro navíos o carabelas, proveídas a su costa, porque era hombre de hacienda, salió del puerto de Palos, para ir a descubrir, por principio de diciembre, año de 1499. El cual, tomado el camino de las Canarias y de allí a las de Cabo Verde, y salido de la de Santiago, que es una dellas, a 13 días de enero de 1500 años, tomaron la vía del Austro y después al Levante, y andadas, según dijeron, 70 leguas, perdieron el Norte y pasaron la línea equinoccial. Pasados della, tuvieron una terribilísima tormenta que pensaron perecer; anduvieron por aquella vía del Oriente o Levante otras 240 leguas, y a 20 de enero vieron tierra bien lejos; ésta fue el cabo que ahora se llama de san Agustín, y los portugueses la tierra del Brasil: púsole Vicente Yáñez entonces por nombre cabo de Consolación.

Colón, sumido en la pena teme la pérdida de sus privilegios. Para completar de España le mandan a Francisco de Bobadilla para que investigue los desórdenes

Eligieron a un comendador de la Orden de Calatrava, que se llamó Francisco de Bobadilla, y diéronle provisiones y nombre de pesquisidor, con que al principio en esta isla entrase, y también de gobernador, que, cuando fuese tiempo, publicase y usase. Comenzáronse los despachos en Madrid por mayo del año de 99, luego que llegaron los cinco navíos, como algunas veces se ha dicho, pero no lo despacharon hasta el mes de junio del año siguiente de 1500, que vinieron el rey y la reina a Sevilla, y de allí a la ciudad de Granada, sobre el levantamiento de los moros o moriscos del Lanjarón o Sierra Bermeja, donde acaeció que, yendo sobre ellos don Alonso de Aguilar, caballero muy señalado en prudencia y esfuerzo, de quien procede la casa de Aguilar y marqués de Pliego, lo mataron; desastre que mucho pesar dio a los reyes y a todo el reino. Por manera que tardó su despacho todo un año, porque debían los reyes, por ventura, o de esperar algún navío que fuese de acá con nueva de estar Roldán y su compañía reducidos y esta isla sosegada, o que como enviasen a deponer al almirante, de su estado; quitándole la gobernación, cosa, cierto, muy grave para quien tanto se le debía y les había merecido y con tan inmensos trabajos, querían muy bien mirarlo y hacíaseles de mal efectuarlo; pero como llegaron las dos carabelas donde venían los procuradores de los alzados y del almirante, aunque ya quedaba Francisco Roldán reducido y asosegado, vistas las quejas que dieron del almirante y los daños pasados, y supieron cosas muchas que los unos y los otros relataban y que convenía remediarlas, determinaron que el comendador Bobadilla prosiguiese su viaje. Diéronle muy cumplidos despachos, y entre ellos, muchas cartas y cédulas en blanco.

Bobadilla entra en funciones

El comendador Bobadilla, que ya era y lo llamaban a boca llena gobernador, despachó un alcalde con vara, con sus poderes y los traslados de las provisiones, la tierra adentro, para que las notificase al almirante y a los que por allá hallase; el cual lo tomó ya venido al Bonao: no le escribió carta ninguna notificándole su venida. El almirante le escribió diciéndole que fuese bien venido; y nunca hubo respuesta dél, lo cual fue grande descomedimiento y señal de traer contra el almirante propósito muy malo; y lo peor que es, que escribió a Francisco Roldán, que estaba en Xaraguá, y a otros quizá de los alzados, de lo que mucho el almirante se quejaba. Notificadas las provisiones reales, dijeron que respondió el almirante que él era visorrey y gobernador general, y que las provisiones y poderes que el comendador traía no eran sino para lo que tocaba a la administración de la justicia; y por tanto requirió al mismo alcalde que el comendador enviaba, y a la otra gente del Bonao, que se juntasen con él y a él obedeciesen en lo universal, y al comendador en lo que le perteneciese como a juez y administrador de justicia, y que todo lo que respondió fue por escrito.

Las acusaciones contra Colón son largas

Acusáronle de malos y crueles tratamientos que había hecho a los cristianos en la Isabela, cuando allí pobló, haciendo por fuerza trabajar los hombres sin darles de comer, enfermos y flacos, en hacer la fortaleza y casa suya y molinos y aceña y otros edificios, y en la fortaleza de la Vega, que fue la de la Concepción, y en otras partes, por lo cual murió mucha gente de hambre y flaqueza y enfermedades, de no darles los bastimentas según las necesidades que cada uno padecía; que mandaba azotar y afrentar muchos hombres por cosas livianísimas, como porque hurtaban un celemín de trigo, muriendo de hambre, o porque iban a buscar de comer. Item, porque se iban algunos a buscar de comer adonde andaban algunas capitanías de cristianos, habiéndoles pedido licencia para ello y él negádola, y no pudiendo sufrir la hambre, que los mandaba ahorcar. Que fueron muchos los que ahorcó por esto y por otras causas injustamente. Que no consentía que se bautizasen los indios que querían los clérigos y frailes bautizar, porque quería más esclavos que cristianos. Pero esto podía impedir justamente, si los querían bautizar sin doctrina, porque era gran sacrilegio dar el bautismo a quien no sabía lo que recibía.

Acusáronle que hacía guerra a los indios, o que era causa della injustamente, y que hacía muchos esclavos para enviar a Castilla. Item, acusáronle que no quería dar licencia para sacar oro, por encubrir las riquezas desta isla y de las Indias, por alzarse con ellas con favor de algún otro rey cristiano. La falsedad desta acusación está bien clara por muchas razones arriba dichas y algunas veces referidas, donde parece que antes moría y trabajaba por enviar a los reyes nuevas de minas ricas y por enviarles oro para suplir los gastos que hacían; y esto tenía por principal interés y provecho suyo, porque veía que todos los que lo desfavorecían para con los reyes no alegaban otra cosa, sino que gastaban y no recibían utilidad ninguna; y así estaba infamada y caída toda la estimación deste negocio de las Indias; de donde todo el mal y daño suyo procedía. Y así, no parece tener color de verdad este delito que le imputaban.

Acusáronle más: que había mandado juntar muchos indios armados para resistir al comendador y hacerle tomar a Castilla, y otras muchas culpas e injusticias y crueldades en los españoles cometidas.

Pero en la honestidad de su persona ninguno tocó, ni cosa contra ella dijo, porque ninguna cosa dello que decir había; y poca cuenta tenían los que le acusaban de hacer mención de las que habían ellos cometido y él en mandarlo en las guerras injustas y malos y aspersísimos tratamientos en los tristes indios. Y ésta fue insensibilidad y bestialidad general de todos los jueces que han venido y tenido cargo de tomar cuenta y residencia a otros jueces en estas Indias, que nunca ponían por cargos (sino de muy pocos años atrás, hasta que fueron personas religiosas, que clamaron en Castilla), muertes, ni opresiones, ni crueldades cometidas en los indios, sino los agravios de nonadas que unos españoles a otros se hacían, y otras cosas que por graves y gravísimas que fuesen, eran aire y accidentes livianísimos, comparadas a las más chicas que padecían los indios, las cuales, como sustanciales, asolaban como han asolado todas estas Indias. Muchas déstas y otras también acusaron a sus hermanos; yo vi el proceso y pesquisa y della muchos testigos, y los conocí muchos años, que dijeron las cosas susodichas: Dios sabe las que eran verdad y con qué razón e intención se tomaban y deponían; puesto que yo no dudo sino que el almirante y sus hermanos no usaron de la modestia y discreción en el gobernar los españoles que debieran, y que muchos defectos tuvieron y rigores y escasez en repartir los bastimentas a la gente, pues no los daban los reyes sino para mantenimiento de todos, y que se distribuyeran según el menester y necesidad de cada uno, por lo cual todo cobraron contra ellos, la gente española, tanta enemistad. Pero como el almirante y ellos tan perniciosamente, cerca de la entrada en estas tierras y tratamiento destas gentes cúyas eran, y que ni pudieron, ni supieron, ni tuvieron a quien se quejar, erraron, no podía ser menos, por justo juicio divino, sino que también cerca de la gobernación y tratamiento de los españoles errasen, para que, sabiendo y pudiendo y teniendo a quien quejarse, hubiese ocasión para cortar el hilo que el almirante llevaba de disminuirlas, y con quitárselas de las manos con tanta pérdidas, desconsuelo y deshonor suyo, por las culpas ya cometidas, se castigase; y porque al fin otros las habían de consumir, permitiéndolo así la divina justicia, por los secretos juicios que Dios se sabe, menos parece ser ordenado divinalmente para utilidad dellas, que del almirante.

De cómo los hermanos Colón, incluyendo al almirante, terminaron presos

El comendador, sabiendo que el almirante venía para santo Domingo, mandó prender a su hermano don Diego, y con unos grillos, échalo en una carabela de las que él había traído, sin decirle por qué ni para qué, ni darle cargo ni esperar ni oír descargo. Llegó el almirante y vale a ver, y el recibimiento que le hizo fue mandarle poner unos grillos y meterle en la fortaleza, donde ni él lo vio ni lo habló más ni consintió que hombre jamás le hablase.

Preso el almirante con sus dos hermanos y en las carabelas aherrojados, los que más malles querían tuvieron aparejo para cumplidamente dellos vengarse; porque no les bastó gozarse de verlos con tanto deshonor y abatimiento angustiados, pero aun por escrito y, por palabras, con larga licencia, de día y de noche no cesaban, poniendo libelos famosos por los cantones y leyéndolos públicamente, de maldecir y escarnecer dellos y blasfemados; y lo que más duro les pudo ser: que algunos de los que esto tan temeraria e impíamente hacían, habían comido su pan y llevado su sueldo y eran sus criados. Y lo que no sin gran lástima y dolor se puede ni conviene decir: cuando querían echar los grillos al almirante, no se hallaba presente quien por su reverencia y de compasión se los echase, sino fue un cocinero suyo desconocido y desvergonzado, el cual, con tan deslavada frente se los echó, como si le sirviera con algunos platos de nuevos y preciosos manjares. Este yo le conocí muy bien y llamábase Espinosa, si no me he olvidado.

Estos grillos guardó mucho el almirante y mandó que con sus huesos se enterrasen, en testimonio de lo que el mundo suele dar, a los que en él viven, por pago. Ciertamente, cosa es ésta digna de con morosidad ser considerada, para que los hombres, ni confíen de sus servicios y hazañas, ni esperen estar seguros porque mucho tengan los príncipes o reyes por ellas obligados, porque al cabo son hombres y mudables, y tanto más mudables, cuanto su ánimo real de muchos es golpeado, y pocas veces cumplidamente a los verdaderos servicios con mercedes condignas satisfacen, y muchas, con disfavores y amortiguada y obliviosa[11] gratitud, las que han hecho deshacen. Por esta causa el profeta David clamaba: *Nolite confidere in principibus in filiis hominum in quibus non est salus*. Solo Dios es el que. hace las mercedes

---

11   Olvidadiza (latinismo).

y no las impropera ni las deshace, como dice san Pablo, cuando verdaderamente dél no nos desviamos, y el que no engaña ni puede ser engañado, aunque tenga muchos privados.

¡Que injusticia, dice fray Bartolomé: Roldán sin culpa, Colón encadenado! Así, humillado, llega a España el almirante de la mar océana

A Francisco Roldán, autor de todos los alborotos y levantamientos pasados, y a don Hernando de Guevara, que ahora se había alzado, y a los demás que estaban para ahorcar, no supe que penase ni castigase en nada; los cuales yo vi pocos días después desto, que yo a esta isla vine, sanos y salvos, y harto más que el almirante y sus hermanos prosperados, si llamarse puede aquella vida que tenían prosperidad y no más infelicidad.

Metido en la carabela o navío el almirante y sus hermanos, aherrojados, dio cargo dellos el comendador y envió por capitán de las dos carabelas que había traído al dicho Alonso de Vallejo, mandándole que así con sus hierros y los procesos o pesquisas que hizo, les entregase al obispo don Juan de Fonseca en llegando a Cádiz. Este Alonso de Vallejo, persona; como dije, prudente, hidalgo y muy honrado y harto mi amigo, era criado de un caballero de Sevilla, que se llamaba Gonzalo Gómez de Cervantes, tío, según se decía, del mismo obispo don Juan, y de aquí debió venir que el comendador Bobadilla quiso, por agradar al obispo, dar cargo a Vallejo que llevase preso al almirante. Sospecha hubo harto vehemente quel comendador hubiese hecho tanta vejación y mal tratamiento al almirante, con favor y por causa del dicho obispo don Juan; y si así fue, no le arrendaría al señor obispo la ganancia.

Partieron las carabelas del puerto de santo Domingo para Castilla, con el almirante preso y sus hermanos, al principio del mes de octubre de 1500 años. Quiso Nuestro Señor de no alargarles mucho el viaje, por acortarles la prisión, porque llegaron a 20 o 25 días de noviembre a Cádiz.

Colón cuenta sus penas a los reyes

Tornando al propósito, como los reyes, que a la sazón estaban en Granada, supieron la llegada y prisión del almirante y de sus hermanos, la cual debían saber, lo primero, del ama del Príncipe, porque a ella debía enviar el almirante su criado, y también por carta del Alonso de Vallejo o del corregidor de Cádiz, hubieron mucho pesar de que viniese preso y mal tratado, y proveyeron luego que lo soltasen; y, según oí decir mandáronle proveer de dineros conque viniese a la corte, y aun que fueron los dineros 2.000 ducados. Mandáronle escribir que se viniese a la corte, adonde llegó él y sus hermanos a 17 de diciembre, y los recibieron muy benignamente, mostrando compasión de su adversidad y trabajos, dándoles todo el consuelo que al presente pudieron darles, en especial al almirante, certificándole que su prisión no había procedido de su voluntad, y con palabras muy amorosas y eficaces le prometieron que mandarían deshacer y remediar sus agravios, y que en todo y por todo sus privilegios y mercedes que le había hecho le serían guardados. Y en esto, la serenísima reina era la que Se aventajaba en consolarle y certificarle su pesar, porque, en la verdad, ella fue siempre la que más que el rey lo favoreció y defendió, y así el, almirante tenía en ella principalmente toda su esperanza. El, no pudiendo hablar por un rato, lleno de sollozos y lágrimas, hincado de rodillas, mandáronle levantar. Comienza su plática, harto dolorosa, mostrando y afirmando el entrañable amor y deseo que siempre tuvo de los servir con toda fidelidad, y que nunca, de propósito ni industria, hizo cosa en que ofender su servicio pensase, y si por yerros algunas obras suyas eran estimadas y juzgadas, no las había hecho sino con no alcanzar más, y siempre creyendo que hacía lo que debía y que en hacerlo acertaba.

Colón pide justicia, pero para gobernar todas las Indias, los reyes nombran a Nicolás de Ovando

En tiempo y año de 500, por las grandes quejas que el almirante a los reyes daba de los agravios que decía haber recibido del comendador Bobadilla, pidiendo justicia, y cosas que, para imputarle culpas, delante los reyes alegaba, y por otras razones que a los reyes movieron, determinaron Sus Altezas de proveer y enviar nuevo gobernador a esta isla Española y, por consiguiente, lo era entonces, gobernándola, de todas las Indias, porque hasta entonces, y después algunos años, ninguno había otro en isla ni tierra firme ni parte otra de todas ellas.

Este fue don frey Nicolás de Ovando, de la orden de Alcántara, que a la sazón era comendador de Lares; después, algunos años, vacó en Castilla la encomienda mayor de Alcántara, estando él acá gobernando, y le hicieron merced los reyes de la dicha encomienda mayor, enviándole acá su título, y dende adelante le llamamos el comendador mayor, como de antes comendador de Lares.

Este caballero era varón prudentísimo y digno de gobernar mucha gente, pero no indios, porque con su gobernación inestimables daños, como abajo parecerá, les hizo. Era mediano de cuerpo y la barba muy rubia o bermeja; tenía y mostraba grande autoridad; amigo de justicia; era honestísimo en su persona; en obras y palabras, de codicia y avaricia muy grande enemigo. Y no pareció faltarle humildad, que es esmalte de las virtudes, y, dejado que lo mostraba en todos sus actos exteriores, en el regimiento de su casa, en su comer y vestir, hablas familiares y públicas, guardando siempre su gravedad y autoridad, mostrólo asimismo en que después que le trajeron la encomienda mayor, nunca jamás consintió que le dijese alguno Señoría. Todas estas partes de virtud y virtudes sin duda ninguna en él conocimos.

Se le instruye sobre no esclavizar a los indios
Entre otras cláusulas de sus instrucciones fue una muy principal y muy encargada y mandada, conviene a saber: que todos los indios vecinos y moradores desta isla fuesen libres y no sujetos a servidumbre, ni molestados ni agraviados de alguno, sino que viviesen como vasallos libres, gobernados y conservados en justicia, como lo eran los vasallos de los reinos de Castilla, y mandándole asimismo que diese orden cómo en nuestra santa fe católica fuesen instruidos. Y cerca deste cuidado del buen tratamiento y conversión destas gentes, siempre fue la bienaventurada reina muy solícita.

Qué pasaba, entre tanto, con Colón

En este tiempo y año de 500 y 501, después que los reyes le mandaron soltar y vino a la corte y lo recibieron benignísimamente y le consolaron y certificaron su prisión no haber procedido de su voluntad real, en especial la serenísima reina Doña Isabel, que era, como ya se ha dicho, la que más lo favorecía y estimaba, porque mejor sentía por ventura que el rey el servicio inestimable que les había hecho en haber descubierto este mundo de acá indiano, el almirante siempre les suplicaba que le tomasen a restituir en su estado, guardándole sus privilegios de las mercedes que le habían prometido, pues él había cumplido lo que prometió y mucho más sin comparación, como era notorio, y no les había deservido por obra ni por voluntad, para que desmereciese y hubiese de perder las mercedes prometidas, antes por su servicio había sufrido en esta isla grandes angustias, tolerando y haciendo comedimientos grandes con Francisco Roldán y los alzados, a los cuales no dio causa ni ocasión para que le fuesen rebeldes, pues estando él en su servicio en Castilla y en el descubrimiento de la Tierra Firme, se rebelaron a su hermano; que no diesen lugar a los émulos que ante Sus Altezas le calumniaban, y otras muchas razones que en favor de la justicia que creía tener alegaba.

Item, que aunque ya era viejo y muy cansado de tan intensos trabajos, todavía tenía propósito de gastar la vida que le quedaba en descubrir, por su servicio, muchas otras tierras más de las que había descubierto, y que creía hallar estrecho de mar en el paraje del puerto del Retrete, que ahora es el Nombre de Dios, por las cuales, sobre todos los reinos del mundo, fuesen los más esclarecidos y ricos los de España.

Aunque no será gobernador, a Colón le son restituidos sus privilegios y se le dan instrucciones para que viaje otra vez

Y por que mostraba querer ir a descubrir de nuevo, los reyes se lo agradecieron y comenzaron a tratar dello y exhortarle a que lo pusiese por obra, entre tanto que el comendador mayor la declaración de las cosas pasadas en esta isla enviaba, y que le mandarían dar todo recaudo. Dio sus memoriales, pidió cuatro navíos y bastimentas para dos años; fuele todo concedido cuanto dijo serie necesario, prometiéndole Sus Altezas que si Dios dél algo en aquel viaje dispusiese a que no tornase; de restituir a su hijo el mayor, llamado don Diego Colón, en toda su honra y estado.

Mandaron al comendador de Lares que restituyese al almirante y a sus hermanos todo el oro y joyas y las haciendas de ganados y bastimentas de pan y vino, y libros y los vestidos y atavíos de sus personas, que el comendador Bobadilla les había tomado, y que le acudiesen sus oficiales con el diezmo y ochavo del oro y de todas las otras ganancias y provechos, según que sus privilegios rezaban.

Diéronle licencia para que en esta isla Española tuviese una persona que entendiese y tuviese cargo de su hacienda y recibiese las rentas y lo que hubiese de haber, conforme a sus privilegios, y que estuviese presente con el veedor del rey en las fundiciones, para que viese fundir y marcar el oro que della y de las otras islas y tierra firme se fundiese y marcase, de todo lo cual recibiese la décima parte, y también asistiese con el factor del rey en las cosas de las mercaderías y negociación y ganancias dellas, de las cuales había de llevar el almirante la ochava parte. La persona que señaló el almirante para esto, y los reyes admitieron, fue un caballero nombrado Alonso Sánchez de Carvajal, creo que natural de Ubeda o de Baeza.

Preparativos de viaje

Despacharon finalmente los reyes al almirante, mandándole dar todas las provisiones que para Sevilla y Cádiz eran necesarias para la expedición de su flota o armada. Salió con ellas de la ciudad de Granada en el mes de octubre para Sevilla, donde luego con mucha diligencia entendió en su despacho. Compró cuatro navíos de gavia, cuales convenían; el mayor no pasaba de 70 toneles, ni el menor de 50 bajaba; juntó ciento cuarenta hombres, entre chicos y grandes, con los marineros y hombres de tierra, entre los cuales fueron algunos de Sevilla; llevó consigo a don Bartolomé Colón, el adelantado, su hermano. Toda esa gente fue a sueldo de los reyes, como habían venido por la mayor parte los españoles primeros a esta isla. Proveyóse de muchos bastimentas y de armas y de toda manera de rescates.

Es hora de partir, oh abandonado
Concluido todo lo que convenía para su despacho, y sus navíos bien abastecidos y aparejados, hízose a la vela el almirante con sus cuatro navíos, a 9 días del mes de mayo de 1502 años. Y porque supo el almirante que habían los moros cercado y en gran estrecho puesto la villa y fortaleza de Arcila, en allende, que tenían los portugueses, acordó de ir a socorrerla, porque viendo los moros cuatro navíos de armada, podían creer que iba socorro de propósito para les hacer mal, y así alzar el cerco. El cual llegó desde a dos o tres días, y halló que ya eran decercados.

Aunque no le estaba permitido, Colón llega a Santo Domingo y se le niega puerto. Anuncia la inminencia de una tempestad y solo consigue burlas

Llegó a este puerto de santo Domingo a 29 de junio, y estando cerca, envió en una barca del un navío al capitán dél, llamado Pedro de Terreros, que había sido su maestresala, a que dijese al comendador de Lares la necesidad que traía de dejar aquel navío, que tuviese por bien que entrase con sus navíos en el puerto, y no solo por cambiar o comprar otro, pero por guarecerse de una gran tormenta que tenía por cierto que había presto de venir. El gobernador no quiso darle lugar para que en este río y puerto entrase, y creo yo que así lo había traído por mandado de los reyes, porque en la verdad, estando aún allí el comendador Bobadilla, de quien tantas quejas él tenía, y Francisco Roldán y los que con él se le alzaron y que tanto mal habían dicho y escrito a los reyes dél y otras razones que se podían considerar y de donde pudieran nacer algunos y graves escándalos, y los reyes proveyeron en ello prudentísimamente, no dándole licencia para que aquí entrase, y mandando también al comendador y gobernador qué no lo admitiese; y que no se lo mandaran los reyes, no admitiéndolo, él lo hiciera como prudente.

Finalmente, viendo que no le dejaban entrar, y sabiendo cómo la flota de las treinta y dos naos, en que había venido el comendador de Lares, estaba para se partir, envióle a decir que no la dejase salir por aquellos ocho días porque tuviese por cierto que había de haber una grandísima tormenta, de la cual huyendo, él se iba a meter en el primer puerto que más cerca hallase. Fuese a meter en el puerto que llaman Puerto Hermoso, 16 leguas deste de santo Domingo, hacia el Poniente. El comendador de Lares no curó de creerlo cuanto a no dejar salir la flota, y los marineros y pilotos, desque oyeron que aquello había enviado a decir El almirante, unos burlaron dello y quizá dél; otros lo tuvieron por adivino; otros, mofando, por profeta, y así no curaron de se detener; pero luego se verá cómo les fue.

Como lo había advertido, los mares y los cielos se agitan hasta que naufraga la flota española

Embarcóse el comendador Bobadilla y Francisco Roldán, el alzado, con otros de su ralea, que tantos daños y escándalos habían causado y hecho en esta isla; embarcáronse éstos y mucha otra gente en la nao capitana, que era de las mejores de toda la flota, donde iba Antonio de Torres, el hermano del ama del Príncipe, por capitán general. Metieron allí también, preso y con hierros, al rey Guarionex, rey y señor de la grande y real Vega, cuya injusticia que padeció bastaba para que sucediera el mal viaje que les sucedió, sin que otra se buscara, como en el primer libro declaramos, cap. 102. Metieron en esta nao capitana 100.000 castellanos del rey, con el grano que dijimos, grande de 3.600 pesos o castellanos, y otros 100.000 de los pasajeros que iban en la dicha nao. Estos 200.000 pesos entonces más eran y más se estimaban, según la penuria que había entonces de dinero en España, que ahora se estiman y precian 2 millones. Y aun en la verdad, más se hacía y proveía y sustentaba, en paz o en guerra, en aquellos tiempos con 200.000 castellanos, que ahora con todas las millonadas; y así les conviene millonadas, porque son casi nada.

Así que salió por principio de julio nuestra flota de treinta o treinta y un navíos (aunque algunos dijeron que eran veintiocho), entre chicos y grandes; y desde a 30 o 40 horas vino tan extraña tempestad y tan brava, que muchos años había que hombres en la mar de España ni en otras mares, tanta ni tal ni tan triste habían experimentado. Perecieron con ella las veinte velas o naos, sin que hombre, chico ni grande, dellas escapase, ni vivo ni muerto se hallase. Y toda esta ciudad que estaba de la otra banda del río, como todas las casas eran de madera y paja, toda cayó en el suelo o della muy gran parte; no parecía sino que todo el ejército de los demonios se había del infierno soltado.

Viaja entonces y cada vez más lanzado hacia el oeste da con Centroamérica tiene noticias de otras tierras en Yucatán (México) y cuyos marinos exhiben pan y vino de maíz, cacao, navajas de pedernal y otros enseres

De allí, haciéndole tiempo, tomó sobre la Tierra Firme, y navegando, salieron vientos contrarios y corrientes terribles, a que no podía resistir. Anduvo forcejeando 60 días con grandísima tormenta y agua del cielo, truenos y relámpagos, sin ver Sol ni estrellas, que parecía que el mundo se hundía. No pudo ganar de camino en todos aquellos días sino 60 leguas. Con esta grande tormenta y forcejeando contra viento y corriente, como los navíos reciban de la mar y de los vientos grandes golpes y combates, abríanseles todos; los marineros, de los grandes trabajos y vigilas y en mares tan nuevas, enfermaron casi todos, y el mismo almirante de desvelado y angustiado, enfermó casi a la muerte. Al cabo, con grandes dificultades, peligros y trabajos inefables, llegó y descubrió una isla pequeña, que los indios llamaban Guanaja, y tiene por vecinas otras tres o cuatro islas menores que aquélla, que los españoles llamaron después las Guanajas; todas estaban bien pobladas.

En esta isla mandó el almirante a su hermano don Bartolomé Colón, adelantado de esta isla, que iba por capitán del un navío, que saltase en tierra a tomar nueva. Saltó llevando dos barcas llenas de gente; hallaron la gente muy pacífica y de la manera de las destas islas, salvo que no tenían las frentes anchas; y, porque había en ellas muchos pinos, púsole el almirante por nombre la Isla de Pinos. Esta isla dista del cabo que ahora llaman de Honduras, donde está o estuvo la ciudad de españoles que llamaron Trujillo y que ahora tendrá cinco o seis vecinos, obra de 12 leguas; y porque algunos que después que por aquí anduvo el almirante, quisieron por aquí descubrir, aplicaron o quisieron aplicar a sí el descubrimiento de hasta aquí, yo he visto muchos testigos presentados por parte del fiscal, en el proceso arriba dicho, los cuales fueron con el mismo almirante en este viaje, que afirman que el almirante descubrió estas islas o la principal destas de los Guanajes. Todas estas islas y muchos puertos y partes de la Tierra Firme están ya desconocidas, por mudarles los nombres los que hacen las cartas de marear, en que no poca confusión engendran, y aun son causa de hartos yerros y perdición de navíos recibir la relación de cada marinero.

Así que, habiendo saltado el adelantado en esta isla de los Guanajes o Guanaja, llegó una canoa llena de indios, tan luenga como una galera, y de ocho pies de ancho; venía cargada de mercaderías de Occidente y debía ser, cierto, de tierra de Yucatán, porque está cerca de allí, obra de 30 leguas o poco más. Traían en medio de la canoa un toldo de esteras, hechas de palma, que en la Nueva España llaman petates; dentro de debajo del cual venían sus mujeres e hijos y hacendejas y mercaderías, sin que agua del cielo ni de la mar les pudiese mojar cosa. Las mercaderías y cosas que traían eran muchas mantas de algodón, muy pintadas de diversos colores y labores, y camisetas sin mangas, también pintadas y labradas y de los almaizares con que cubren los hombres sus vergüenzas, de las mismas pinturas y labores. Item, espadas de palo, con unas canales en los filos, y allí apegadas con pez e hilo ciertas navajas de pedernal, hachuelas de cobre para cortar leña y cascabeles y unas patenas, y crisoles para fundir el cobre; muchas almendras de cacao, que tienen por moneda en la Nueva España y en Yucatán y en otras partes. Su bastimento era pan de maíz y algunas raíces comestibles, que debían ser las que en esta Española llamamos ajes y batatas y en la Nueva España camotes. Su vino era del mismo maíz, que parecía cerveza.

Aunque otra vez ha tocado tierra firme, sigue buscando un paso de mar que lo haga entrar en la rica Asia de sus sueños

Andando por aquí el almirante, todavía creía que había de hallar nueva del Catay e del Gran Can, y que aquellas mantas y cosas pintadas comenzaban a ser principio dello y que tanto él deseaba. Y como le vían los indios con tanta solicitud preguntar dónde había oro, debíanle de hartar de muchas palabras, señalándole haber mucha cantidad de oro por tales y tales tierras, y que traían coronas de oro en la cabeza y manillas dello a los pies y a los brazos, bien gruesas; y las sillas y mesas y arcas enforradas de oro y las mantas tejidas de brocado, y esto era la tierra dentro, hacia el Catayo. Mostrábales corales si los había; respondían los indios que las mujeres traían sartas dellos, colgados de las cabezas a las espaldas. Mostrábales pimienta y otras especierías; respondían que sí había en mucha abundancia; de manera, que cuanto veían que les mostraban, tanto por les agradar les concedían, sin haber visto ni sabido ni oído antes cosas de las que les pedían. Decíanles más, que aquellas gentes de aquellas tierras tenía naos y lombardas, arcos y flechas, espadas y corazas, todo lo que veían que los cristianos allí traían. Imaginaba más el almirante que le señalaban que había caballos, los que nunca habían visto, ni el almirante llevaba entonces consigo. Item, que la mar bajaba a Ciguare, que debía ser alguna ciudad, o provincia de los reinos del Gran Can, y que de allí a diez jornadas estaba el río de Ganges. Y porque una de las provincias; que le señalaban los indios ser rica de oro, era Veragua, creía el almirante que aquellas tierras estaban con Veragua, como está Tortosa con Fuenterrabía, casi entendiendo que la una estuviese a una mar y la otra a la otra; y así parece que imaginaba el almirante haber otra mar, que ahora llamamos del Sur; en lo cual no se engañaba, puesto que en todo lo demás sí. Lo cual todo, como se platicaba por señas, o los indios de propósito le burlaban, o él ninguna cosa dellos, sino lo que deseaba, entendía. Todo lo que está dicho escribió a los reyes, quedando aislado, como se dirá, en Jamaica, y el traslado de la carta tengo conmigo.

Colón va a parar al Cabo de Gracia de Dios (Nicaragua), luego de observar los raros atavíos de los indios

Las gentes de por aquellas comarcas no tenían las frentes anchas como las destas islas; eran de diversas lenguas; algunas totalmente desnudas; otras, solamente las vergüenzas cubiertas; otras vestidas de unas jaquetas como las cueras, que les llegaban hasta el ombligo, sin mangas. Tenían labrados los cuerpos con fuego, de unas labores como moriscas, uno figurando leones, otros ciervos y otros de otras figuras. Los señores, o más honrados entre ellos, traían por bonete unos paños de algodón blancos y colorados; algunos tenían en la frente unos copetes de cabellos como una flocadura. Cuando se ataviaban para sus fiestas, teñíanse algunos los rostros de negro, y otros de colorado, otros hacíanse rayas por la cara de diversas colores y otros teñían el pico de la nariz, otros se alcoholaban los ojos y los teñían de negro, y estos atavíos tenían por mucha gala. Y porque había otras gentes por aquella costa que tenían las orejas horadadas y tan grandes agujeros que cupiera un huevo de gallina bien por ellos, puso nombres a aquella ribera la costa de la Oreja.

De aquella punta de Caxinas navegó el almirante hacia el Oriente con muy grandes trabajos, contra viento y contra las corrientes, a la bolina, como dicen los marineros, que apenas se andan cada día 5»leguas, y ni 2 muchas veces: van los navíos dando vueltas cuatro y cinco y más horas hacia una parte, y otra hacia otra, y desta manera se ahorra lo poco que se anda, y algunas veces se pierde lo que se ha ganado en dos, de una vuelta. Y porque habiendo 60 leguas de la punta de Caximas a un cabo de tierra que entra mucho en la mar, tardó con estos trabajos en llegar el almirante, y de allí vuelve la tierra y se encoge hacia el Sur; por lo cual los navíos podían mejor y bien navegar, púsole nombre a aquel cabo el Cabo de Gracias a Dios; y esto dice el almirante que fue a 12 de septiembre del mismo año de 502.

Ahora llega a Panamá

De aquí subió el almirante la mar arriba, por el Oriente, como venía, y fue a entrar en dos días de noviembre, en un puerto mucho bueno, que por ser tallo llamó Puerto Bello, que estará obra de 6 leguas del que agora llamamos el Nombre de Dios. El puerto es muy grande y muy hermoso; entró en él por medio de dos isletas, y dentro dél pueden llegarse las naos muy en tierra y salir voltejando si quisieran. Toda la tierra de la redonda del puerto es la tierra graciosísima; estaba toda labrada y llena de casas, a tiro de piedra y de ballesta la una de la otra, que parecía todo una huerta pintada y de las más hermosas que se habían por toda aquella costa visto. Allí estuvieron siete días, por las muchas lluvias y malos tiempos que les hizo, y en todos ellos vinieron canoas de toda la comarca a contratar con los cristianos las comidas y frutas que tenían y ovillos de algodón hilado, muy lindo; lo cual todo daban por casillas de latón, como eran alfileres y cabos de agujetas, y si tuvieran oro, también por ellos lo dieran.

Siempre en el mar lo sacude una espantosa tormenta la comida escasea o se pudre

Sobrevínoles otro peligro y angustia, sobre todos los relatados, y ésta fue una manga que se suele hacer en la mar. Esta es como una nube o niebla que sube de la mar hacia el aire, tan gruesa como una cuba o tonel, por la cual sube a las nubes el agua, torciéndola a manera de torbellino, que cuando acaece hallarse junto las naos, las anega, y es imposible escapar. Tuvieron por remedio decir el Evangelio de san Juan, y así la cortaron y creyeron por la virtud divina haber escapado.

Padecieron en estos días terribles trabajos, que ya no había hombre que pensase, por solos los cansancios y molimiento, con vida escapar. Dioles Dios un poco de alivio dándoles un día o dos de calma, en los cuales fueron tantos los tiburones que acudieron a los navíos, que les ponían espanto y no menos en gran temor, tomándolos por agüero algunos que no fuese alguna mala señal. Pero sin ser agüero, podía ser señal natural, como las toninas o delfines lo es de tormenta cuando sobreaguan, como arriba, en el cap. 5, dimos alguna relación.

Hicieron grande matanza dellos con anzuelos de cadena, que no les fueron poco provechosos para hacer bastimento, porque tenían ya falta de viandas, por haber ya ocho meses que andaban por la mar, y así consumido la carne y pescado que de España habían sacado, dellos comido y dello podrido por los calores y bochorno y también por la humedad, que corrompe las cosas comestibles por estas mares.

En el río Belén de Veragua (Panamá)

Finalmente, día de los reyes del año siguiente de 1503, entraron en un río, al cual los indios llamaban Yebra, y el almirante le puso por nombre Belén, por honra de aquel día que los tres reyes Magos aportaron a aquel santo lugar. Adelante deste río está otro, una legua o dos, que los indios decían Veragua; mandó el almirante sondar la entrada del primero (que es con cierto plomo mirar qué tantos palmos o brazas tiene de hondo); y también el de Veragua, y hallaron tener catorce palmos el de Belén cuando es llena la mar, y mucho menos el de Veragua. Subieron las barcas por el de Belén arriba, donde tuvieron noticia que las minas del oro estaban en Veragua, puesto que los vecinos dellas se pusieron al principio en armas, no queriendo oír a los españoles ni hablarles, antes resistirles la entrada.

La crecida del río los arrastra con gran peligro

Estando los españoles así muy contentos y alegres, un martes, 24 de enero, súbitamente vino aquel río de Belén de avenida tan crecido, que sin poderse reparar echando amarras a los navíos, dio el ímpetu del agua en la nao del almirante con tanta violencia, que le hizo quebrar la una de las dos anclas que tenía y fue a dar con terrible furia sobre unos de los otros navíos, que le rompió la contramezana, que es uno de los mástiles y entena donde va cierta vela, y van garrando ambas a dos (esto es llevar las anclas arrastrando), y daban los golpes y relanzaduras o vaivenes de una parte o otra del río, que no perderse allí todos cuatro navíos fue negocio divino. Esta súbita venida o inundación deste río debió ser algún grande aguacero como los hace muchos en estas Indias, que debió llover en las montañas muy altas que están sobre Veragua, que llamó el almirante de san Cristóbal, porque el pico de la más alta parece exceder a la región del aire, porque nunca se ve sobre aquél nube alguna, sino todas quedan muy más bajas, y a quien lo mira parece que es una ermita. Estará por lo menos, a lo que se juzga, 20 leguas la tierra dentro, todas de grandísima espesura. No solo este peligro grande allí tuvieron, pero, ya que quisieran salir a la mar, que estaba de los navíos no media milla, era tanta la tormenta y braveza de la mar que había fuera, que no se hubieran movido del río, cuando fueran hechos los navíos pedazos a la salida de la barra. En la cual eran tantas las reventazones que hacía la mar, que ni las barcas pudieron salir, por muchos días que duró, para ir a ver por la costa el asiento y disposición de la tierra, para hacer un pueblo de españoles que el almirante hacer determinaba y haber nueva de las minas, que era lo que hacía a su caso.

Como los indios son mansos, hay oro y la tierra es buena, resuelven instalar un campamento y fundar el primer pueblo europeo en Centroamérica

Acompañáronle de diez en diez, más o menos, según entre sí se concertaban, y comenzaron a hacer sus casas en la orilla o ribera del río dicho Belén, cerca de la boca que salía a la mar, obra de un tiro de lombarda, pasada una caleta que está a la mano derecha, como entramos en el río, sobre la cual entrada está un morro o montecillo más alto que lo demás. Las casas eran de madera, cubiertas de hojas de palma, entre las cuales hicieron una casa grande, para que fuese alhóndiga y casa de bastimentas. En ésta se metió mucha munición y artillería, con todo lo demás que para el servicio y sustentación de los pobladores se requería, puesto que lo principal de los bastimentas, como era bizcocho y vino y aceite y vinagre y quesos y legumbres (porque otra cosa de comer no había) se dejaba, como en lugar más seguro, en uno de los navíos que había de quedar con ellos, así para servicio de la mar, como para la seguridad de la tierra y éste fue el primer pueblo que se hizo de españoles en Tierra Firme, puesto que luego desde a poco se tornó en nada. Quedábales también mucho aparejo de redes y anzuelos para las pesquerías, que, según se dijo, eran maravillosas, por la infinidad del pescado que aquella tierra abunda en los ríos y en la mar, que a tiempos vienen de paso diversas especies de pescados.

Péscanlos los indios de diversas maneras, que muestran en ellas industria y mejor ingenio; hacen muy buenas y grandes redes y anzuelos de hueso y conchas de tortugas, y porque les falta hierro, córtanlos con unos hilos de cierta especie de cáñamo que hay en estas Indias, que en esta Española llamaban cabuya, y otra más delicada, nequén, de la manera que los que hacen cuentas cortan con una sierra de hierro delgada los huesos; y no hay hierro que de aquella manera no corten.

Las hazañas de don Hernando con el cacique Quibia

Tornando a la historia que don Hernando prosigue diciendo que para el efecto de la seguridad de aquellos que querían quedar en aquel pueblo, el adelantado con setenta y cuatro hombres, a 30 de marzo, fue al pueblo de Veragua, que no tenía las casas juntas, sino desparcidas como en Vizcaya; y como el rey Quibia supo que estaba el adelantado cerca, envióle a decir que no subiese a su casa, la cual estaba en un altillo sobre el río de Veragua. El adelantado no curó de lo que se le decía, y por que no se le huyese de temor suyo acordó de ir con solos cinco, dejando mandado a los que quedaban, que a trechos, de dos en dos, se fuesen acercando, y que en sintiendo el sonido de la escopeta, que ahora llaman arcabuz, subiesen haciendo ala, rodeasen la casa por que nadie se les escapase ni huyese. Aquí parece si aparejaba el rey de matar los españoles, pues el adelantado llegó seguro con cinco compañeros e hizo lo que hizo. Así que; como ya llegase cerca de la casa del cacique Quibia, envió otro mensajero diciéndole que no entrase en ella, porque él saldría aunque estaba herido; y esto diz que hacían ellos porque no viesen sus mujeres, que son celosos sobremanera; y así salió a la puerta y se asentó diciendo que solo el adelantado se allegase; el cual fue, dejando proveído que cuando viesen que le asía por el brazo, arremetiesen. Y como llegó, comenzóle a hablar preguntándoles de su indisposición y de otras cosas de la tierra, mediante un indio que traía tomado atrás, que les parecía que algo lo entendían. El adelantado, fingiendo que se señalaba dónde la herida tenía el rey, asióle de una muñeca, y como ambos fuesen de grandes fuerzas; túvolo tanto cuanto bastó para que llegasen los cuatro españoles y el otro soltase la escopeta; y así acudieron todos los demás de la celada, y llegados, entran en la casa donde habría cincuenta personas, entre chicas y grandes, de los cuales fueron presos los más, entre los cuales hubo algunos hijos y mujeres del mismo rey Quibia y otras personas principales, que ofrecían gran riqueza, diciendo que en el monte o cierto lugar estaba el tesoro y que todo lo darían por su rescate. Esta fue la hazaña que allí entonces hizo el adelantado con otras más.

Contrataque de Quibia y arremetida española

Y como el rey Quibia, que de la prisión en el río, llevándolo a los navíos, se había escapado, quedase della y de la de su mujer e hijos y los otros suyos tan lastimado y de los otros agravios, y viese salidos los tres navíos y el almirante, o por ventura no esperaba que saliesen, sino cuando tuvo su gente recogida y aparejada, vino sobre el pueblo de los españoles, al mismo punto que llegaba por allí la barca, e hízole tan secreto, que no fue sentido hasta que estaba del pueblo diez pasos, por la mucha espesura del monte que al pueblo cercaba; y arremete con tan gran ímpetu y alarido, que parecían romper los aires. Y como los españoles estaban descuidados, lo que no debieran, pues sabían los daños tan graves que habían cometido, a quien no les había hecho agravios, antes recreado, y debieran temer que los agraviados no se descuidaban, y las casas eran cubiertas de paja o de palmas, tirábanles las lanzas, que eran palos tostados con puntas de huesos de pescado, que las clavaban aun por las mismas paredes de las casas, que pasaban de claro en claro, y así, en breve tiempo, había a algunos bien lastimado. El adelantado era hombre valeroso y de muchos ánimo, y con siete u ocho españoles que a él se allegaron, hizo varonil rostro, animándolos de manera que retrajeron a los indios, hasta que en el monte que estaba, como se dijo, cerca, los encerraron. De allí tomaban los indios a hacer algunas arremetidas, tirando sus varas y recogiéndose, como suelen hacer los que juegan entre nosotros cañas; y cierto, sus guerras, como carezcan de hierro y de todas armas que de hierro se hacen, poco más sangrientas son que juego de cañas, si no es cuando los españoles son tan pocos y tan desarmados y en pasos peligrosos, y todo es acaso y muy pocas veces en muchos años. Pero como siempre, por la dicha causa, los tristes desnudos y desarmados han de llevar, como siempre llevaron, la peor parte, como los españoles los lastimasen con las espadas, donde quedaban sin piernas y barrigas y cabezas y sin brazos, y en especial de un perro lebrel que tenían los españoles, que rabiosamente los perseguía y desgarraba, pusiéronse en huida, que es su principal arma, dejando un español muerto y siete u ocho heridos, pero de ellos bien se puede creer que no recibieron chico estrago. Uno de los heridos fue el adelantado, a quien hirieron por los pechos con una de sus lanzas, y al cabo no le hizo mucho daño.

Rodeados de peligros

Sucedió en ellos tan gran descorazonamiento y desmayo, viéndose tan pocos y los más heridos y aquéllos muertos y el almirante fuera, en la mar, sin barca, y a peligro de no poder tomar a parte donde les pudiese venir o enviar socorro, que perdida toda esperanza, determinaron de no quedar en la tierra; y sin obediencia ni deliberación, ni mando del adelantado, pusieron su ida por obra, y se entraron en el navío para salirse fuera a la mar; pero no pudieron salir porque la boca se había tomado a tapar. Tampoco pudieron enviar barca ni persona que pudiese dar aviso al almirante de lo que pasaba, por la gran resaca y quebrazón o reventazón de las olas de la mar que a la boca quebraba. Y el almirante no padecía chico peligro donde estaba surto con su nao, por ser aquella costa toda brava y estar sin barca, y la gente que tenía menos, que los indios en la barca mataran; y así, todos, los de tierra y los de la mar estaban puestos en grande angustia, peligro y sospecha y demasiado cuidado. Añadióse al temor y daños recibidos de los que estaban en tierra, ver venir a los de la barca muertos el río abajo con mil heridas, y sobre ellos numerosa cantidad de cuervos o unas aves hediondas y abominables, que llamamos auras, que no se mantienen sino de cosas podridas y sucias, las cuales venían graznando y revolando, comiéndolos como rabiando. Cada cosa déstas era tormento a los de tierra intolerable, y no faltaba quien cada una dellas tomase por mal agüero y estuviese con sospecha de que con desastrado fin la vida se le acabase.

Los indios intentan huir de la nave que los tiene prisioneros y al no conseguirlo se suicidan

Sobrevínole otro dolor que acrecentó los cuidados que antes tenía: que los hijos y deudos del rey Quibia, que estaban presos en uno de los dos navíos para llevarlos a Castilla, se soltasen por gran maravilla. La industria que tuvieron para se soltar fue aquésta: como los encerraban de noche debajo de cubierta y cerraban el escotilla (que es la boca cuadrada, de obra de cuatro palmos en cuadro, con su cobertura, y por encima della echan una cadena con su candado y llave, y manera que es como si metiesen a los hombres en un pozo o en una sima y los tapasen con cierta puerta con su llave por encima), en aquel navío, y comúnmente en los grandes, la escotilla está más alta que un estado y algunas veces que dos, y como los indios no podían alcanzar a lo alto de la escotilla, allegaron muy sutilmente muchas piedras de lastre del navío en derecho de la boca de la escotilla, de que hicieron un montón, cuanto los pudo levantar a que alcanzase arriba; y porque dormían ciertos marineros encima de la escotilla, no echaban la cadena, porque les lastimara sí la pusieran. Júntanse todos los indios una noche, y con las espaldas afirmando por debajo, dan un gran rempujón, que dieron con la escotilla y con los marineros que dormían encima, de la otra parte del navío, y saltando muy de presto, dieron consigo en la mar los principales de todos ellos; pero acudiendo la gente del navío al ruido, muchos dellos no tuvieron lugar de saltar, y así, cerrando prestamente la escotilla, los marineros echaron la cadena y quedaron abajo los tristes; los cuales, viéndose desesperados y que ya no podían tener remedio para escaparse de las manos de los españoles y que nunca verían más sus mujeres e hijos, ni se verían en libertad, con las cuerdas que pudieron haber, los hallaron por la mañana todos ahorcados, teniendo los más dellos los pies y las rodillas por el plan, que es por las postreras tablas del navío, y por el lastre, que son las piedras que están sobre ellas, porque no había tanta altura para poderse ahorcar, y en fin, desta manera se ahorcaron. Y así, de los presos de aquel navío ninguno se escapó de muerto o huido.

Colón viaja más al sur, regresa al mar Caribe y sus naves naufragan en Jamaica

Salidos de allí, fueron en demanda de la isla de Jamaica, porque los vientos y corrientes no los dejaban ir a la Española. Iban los navíos tan abiertos que se les iban a fondo, que por ninguna fuerza ni industria bastaba a vencer el agua con tres bombas cada navío y en alguno llegaba el agua cerca de la cubierta. La víspera de san Juan llegaron a un puerto de Jamaica, llamado Puerto Bueno, y aunque bueno para contra la tormenta de la mar, pero malo para se mamparar de la sed y de la hambre, porque ni agua ni población de indios alguna tenía.

Pasado el día de san Juan, partieron para otro puerto, llamado santa Gloria, con el mismo peligro y trabajo, en el cual entrados, no pudiendo ya más sostener los navíos, encalláronlos en tierra lo más que se pudo, que sería un tiro de ballesta della, juntos el uno con el otro, bordo con bordo; y con muchos puntales, de una parte y de otra, los firmaron de tal manera que no se podían mover, los cuales se hinchieron de agua casi hasta la cubierta, sobre la cual, y por los castillos de popa y proa, se hicieron estancias donde la gente se aposentase.

Envía dos mensajeros a pedir auxilio
Después de muchos días y muchas veces los convenientes e inconvenientes, peligros y remedios platicados y comunicados, fue la final conclusión, en que el almirante se resolvió hacer saber al comendador mayor, que aquesta isla gobernaba, y al hacedor que el mismo almirante aquí tenía, de la manera que en Jamaica él y su gente aislado quedaba, para que se le enviase un navío de las rentas que tenía en esta isla, proveído de bastimentas y de lo demás necesario, para en que acá pasasen. Para este negocio, no poco dificultoso, nombró dos personas de cuya fidelidad y esfuerzo y cordura él tenía confianza; porque para ponerse a tanto peligro, entrando en canoas, barquillos de un madero, para pasar un golfo tan grande, que de punta a punta, de Jamaica a esta isla, tiene 20 y 25 leguas, sin otras 35 que había desde donde estaba hasta la dicha punta oriental de Jamaica, necesario era esfuerzo de buen ánimo y prudencia y fidelidad no menos para lo que se les encomendaba.

Parten las dos canoas hacia Santo Domingo
Con estas cartas y otras para Castilla y lo demás que convenía escribir, despachó al Diego Méndez y a Bartolomé Flisco, con sus dos canoas, metida en cada una cada indios su calabaza de agua y algunos ajes y pan cazabí, y los españoles con solas sus espadas y rodelas y el bastimento de agua y pan y carne de las hutías o conejos que pudo caber en las canoas, que no podía ser mucho demasiado. Y porque para entrar en tan gran golfo de la mar brava, como es toda la deste Océano y mayormente entre islas; en tan flaca especie de barcos para nosotros (porque para los indios, como dije, menos peligro y daño reciben que nosotros en naos grandes), fue necesario, después que llegaron a la punta de la isla de Jamaica, y distaba de donde quedaba el almirante 30 leguas, esperar que la mar amansase e hiciese alguna gran calma para atravesar y comenzar su viaje. Fue hasta la dicha punta el adelantado por tierra con alguna gente, para si por caso los indios de por allí no impidiesen a las dichas canoas o les hiciesen algún daño.

Después se volvió poco a poco a los navíos, viniendo por los pueblos alegremente conversando, dejándolos todos en su amistad.

Relato de unos náufragos

Estando así en la punta o cabo oriental de la isla de Jamaica las dos canoas, sobrevínoles una muy buena calma, como la deseaban, y una noche, ofreciéndose a Dios, partiéronse del adelantado y comenzaron a navegar a costa de los brazos de los diez indios, que voluntariamente quisieron ayudarlos y llevarlos con sus trabajos y aun peligro de sus vidas, como parecerá. Hízoles aquella noche y el día siguiente buena calma y navegaron, remando los indios con unas palas, de que usan por remos, de muy buena voluntad. Y como el calor era muy grande y llevaban poca agua para se refrigerar, echábanse los indios de cuando en cuando en la mar, nadando; tomaban de refresco al remo, y así caminaron tanto, que perdieron de vista la tierra de Jamaica. Llegada la

noche, remudábanse los españoles y los indios para el remar y hacerla vela o guardia. Velaban los españoles porque los indios, con el trabajo y sed, no se tornasen o hiciesen otro algún daño. Llegados al siguiente día, ya todos estaban muy cansados, pero animando cada cual de los capitanes a los suyos y tomando ellos también sus ratos el remo y mandándoles que almorzasen para recobrar fuerzas y aliento de la mala noche, tomaron a su trabajo no viendo más que cielo y agua. Y puesto que aquello bastase para ir muy desconsolados y afligidos, podríase decir lo de Tántalo, que tenía el agua a la boca y de sed rabiaba; y así éstos iban junto al agua y cercados de agua y bañados con agua, pero, para matar la sed, poco les prestaba, como fuese de la mar y salada. Los indios, con el Sol y gran calor, y continuo trabajo de remar, diéronse más prisa de la que convenía en beber de sus calabazas y así de presto las vaciaron; y como la sed, con el Sol recio y calma, sea trabajo intolerable, cuanto más entraba el segundo día de su partida, tanto crecía más el calor y la sed a todos, por manera que a medio día ya les faltaban las fuerzas para poder trabajar.

Llegan los enviados a su destino y Colón es auxiliado

Llegado Diego Méndez a Xaraguá y dada la carta del almirante al comendador mayor y hecha relación de dónde y cómo venía y de su mensaje, mostró el comendador mayor haber placer de su venida; puesto que fue muy largo en despacharlo. Porque, no sabiendo la simplicidad con que andaba el almirante, temía o fingía temer que con su venida no hubiese en esta isla algún escándalo cerca de las cosas pasadas, y que para dio venían con Diego Méndez aquéllos atentar la disposición de la tierra y de la gente que con el comendador mayor estaba; por lo cual quiso primero indagar o escudriñar el pecho de Diego Méndez y los demás, antes que a dejarlos ir adelante se determinase. Finalmente, les dio licencia, con importunidad, para pasar a esta ciudad y puerto de santo Domingo, al menos a Diego Méndez para que hiciese lo que el almirante, su amo, le mandaba. Llegado, Diego Méndez a esta ciudad, compró luego un navío de las rentas que el almirante aquí tenía, y bastecido de los bastimentas y cosas necesarias, lo envío a Jamaica por fin de mayo de 1504 y se embarcó luego para España, como traía ordenado por el almirante.

Mientras, en Jamaica, un grupo de náufragos se subleva contra Colón y tras muchos intentos se marchan en canoas
De manera que siendo algo aplacado el alboroto, tomaron los conjurados hasta diez canoas de las que el almirante a los indios había comprado, en las cuales se embarcaron con tanto regocijo y alegría, como si ya desembarcaran en Sevilla; lo cual no hizo poco daño a los demás que no tuvieron parte en la rebelión, porque viéndose quedar allí enfermos como desmamparados, yéndose los que estaban sanos, creciôles la tristeza y angustia y el ansia de salir de allí, que de súbito arrebataban su hato y se metían con ellos en las canoas, como que consistiera en solo aquello salvarse. Esto se hacía viéndolo y llorándolo todo y a sí mismos y al almirante, aquellos muy pocos fieles que hubo de sus criados y los muchos enfermos que quedaban, los cuales perdían del todo la esperanza de ser remediados. Ninguna duda se tuvo, sino que si todos estuvieran sanos, pocos o ninguno dellos quedara.

Los restantes pasan hambre. Colón, cual mago, predice un eclipse y, aterrados, los indios le sirven

Plugo a Dios que los proveyó por nueva manera, con cierta industria del almirante, que lo que hubiesen menester no les faltase. Cuéntalo de esta manera don Remando: que sabía el almirante que desde a tres días había de haber eclipse de Luna, y envió a llamar los señores y caciques y personas principales de la comarca, con un indio que allí tenía desta isla, ladino en nuestra lengua, diciendo que les quería hablar algo. Venidos un día antes del eclipse díjoles que ellos eran cristianos y vasallos y criados de Dios, que moraba en el cielo, y que era señor hacedor de todas las cosas, y que a los buenos hacía bien y a los malos castigaba; el cual, visto que aquellos de nuestra nación se habían alzado, no había querido ayudarles para que a esta isla pasasen, como habían pasado los que él había enviado; antes habían padecido, según era en la isla notorio, grandes peligros, pérdidas de sus cosas y trabajos. Y lo mismo estaba muy enojado Dios contra la gente de aquella isla, porque en traerles los mantenimientos necesarios por sus rescates habían sido descuidados, y con este enojo que dellos tenía, determinaba de castigarlos enviándoles grande hambre, y hacerles otros daños; y porque por ventura no darían crédito a sus palabras, quería Dios que viesen de su castigo en el cielo cierta señal, y porque aquella noche la verían, que estuviesen sobre el aviso al salir de la Luna, y verían cómo salía muy enojada y de color de sangre, significando el mal que sobre ellos quería Dios enviarles. Acabado el sermón fuéronse todos; algunos con temor, otros quizá burlando. Pero como saliendo la Luna, el eclipse comenzase y cuanto más subía fuese mayor el amortiguarse, comenzaron los indios a temer, y tanto les creció el temor, que venían con grandes llantos, dando gritos, cargados de comida a los navíos y rogando al almirante que rogase a su Dios que no estuviese contra ellos enojado, ni les hiciese mal, que ellos, desde adelante, traerían todos los mantenimientos que fuesen menester para sus cristianos. El almirante les respondió que él quería un poco hablar con Dios; el cual se encerró, entre tanto que el eclipse crecía, y ellos daban gritos llorando e importunando que los ayudase; y desque vio el almirante que la creciente del eclipse era ya cumplida y que tornaría luego a menguar, salió diciendo que había rogado a Dios que no les hiciese el mal que tenía determinado, porque le había prometido de parte dellos que de allí adelante serían buenos y traerían y proveerían bien a los cristianos y que ya Dios los perdonaba; y en señal dello, verían cómo se iba quitando el enojo de la Luna, perdiendo la color y encendimiento que había mostrado. Los cuales, como viesen que iba menguando y, al cabo, del todo se quitaba, dieron muchas gracias al almirante, y maravillándose y alabando las obras del Dios de los cristianos; se volvieron con grande alegría todos a sus casas, y allá llegados, no fueron negligentes ni olvidaron el beneficio que creían haberles hecho el almirante, porque tuvieron gran cuidado de los proveer de todo lo que habían menester con abundancia loando siempre a Dios y creyendo que les podía hacer mal por sus pecados y que los eclipses que otra vez habían visto debían ser como amenazas y castigo que por sus culpas Dios les enviaba.

Colón regresa a Santo Domingo, recibe nuevas vejaciones. Parte definitivamente para España

Embarcáronse el almirante y todos los demás, amigos y enemigos, e hiciéronse a la vela a 28 de junio de 1504. Navegaron con mucho trabajo, por ser los vientos y corrientes continuamente contrarios que vienen con las brisas.

Colón llega a Sevilla y, para su mayor tristeza, encuentra que su protectora la reina Isabel ha muerto

Llegado el almirante a Sevilla, para que sus adversidades recibiesen el colmo que más le podía entristecer y amargar en la vida, supo luego cómo la reina doña Isabel, que tenía por todo su mamparo y su esperanza, era fallecida pocos días había. Ningún dolor, ningún trabajo, ninguna pérdida, ni perder la misma vida le pudo venir, que mayor aflicción, tristeza, dolor, llanto y luto le causara que oír tales nuevas; porque aquella señora y feliz reina, así como fue la que principalmente admitió su primera empresa del descubrimiento destas Indias, como en el primer libro queda visto, así ella fue la que lo favorecía, esforzaba, consolaba, defendía, sostenía, como cristianísima y de tan inestimable servicio como del almirante recibió muy agradecida.

Sin embargo, viaja a la corte y entera al rey Fernando de su última empresa y de las recientes rebeliones de su flota

Así que, habiendo reposado algunos días en Sevilla, de tanta frecuencia de trabajos, el almirante, partióse para la corte por el mes de mayo, año de 1505, la cual estaba en Segovia; y llegando él y su hermano el adelantado a besar las manos al rey, rescibióles con algún semblante alegre, no tanto cuanto requerían sus luengas navegaciones, sus grandes peligros, sus inmensos trabajos y aspérrimos. Hízole relación el almirante de lo que había navegado, de la tierra que dejaba descubierta, de la riqueza de la provincia de Veragua, y de su destierro y aislamiento que tuvo en Jamaica entero un año, de la desobediencia y levantamiento de los Porras y de los demás, y, finalmente, de todas las particularidades y acaecimientos, peligros y trabajos del viaje.

Colón pide una recompensa por sus servicios, pero el reclamo de sus privilegios entra en infinitas dilaciones

Remitieron su negocio al Consejo de los descargos de la conciencia de la reina ya muerta y de la del rey mismo; hubo dos consultas y no salió nada: creyó el almirante que por ser su negocio de tan gran importancia, no quería el rey determinar sin la reina, su hija, que cada día la esperaban con el rey don Felipe. Con esta creencia tuvo un poco de esperanza, pero no cesaba de dar peticiones al rey. Entre otras muchas, hallo la presente, que decía desta manera: «Serenísimo y muy alto rey: en mi pliego se escribió lo que mis escrituras demandan; ya lo dije y que en las reales manos de Vuestra Alteza estaban el quitar o poner y que todo sería bien hecho. La gobernación y posesión en que yo estaba es el caudal de mi honra; injustamente fui sacado della; grande tiempo ha que Dios, nuestro Señor, no mostró milagro tan público, que el que lo hizo le puso con todos los que le fueron en ayuda a esto en la más escogida nao que había en treinta y cuatro y en la mitad dellas, y a salida del puerto, le hundió, que ninguno de todos ellos le vio en qué manera fue ni cómo. Muy humildemente suplico a Vuestra Alteza que mande poner a mi hijo en mi lugar, en la honra y posesión de la gobernación que yo estaba, con que toca tanto a mi honra, y en lo otro haga Vuestra Alteza como fuere servido, que de todo recibiré merced: que creo que la congoja de la dilación deste mi despacho, sea aquello que más me tenga así tullido.»

Muere el almirante

Despachado su hermano el adelantado para ir a besar las manos a los reyes nuevos, agravóse cada hora más al almirante su enfermedad de la gota por la aspereza del invierno y más por las angustias de verse así desconsolado, despojado y en tanto olvido sus servicios y peligro su justicia, no embargante que las nuevas sonaban y crecían de las riquezas destas Indias, yendo a Castilla mucho oro desta isla y prometiendo muchas más de cada día.

El cual, viéndose muy debilitado, como cristiano, cierto que era, recibió con mucha devoción todos los santos Sacramentos, y llegada la hora de su tránsito desta vida para la otra, dicen que la postrera palabra que dijo: *in manus, Domine, commendo spiritum meum*. Murió en Valladolid, día de la Ascensión, que cayó aquel año a 20 de mayo de 1506 años. Llevaron su cuerpo o sus huesos a las Cuevas de Sevilla, monasterio de los Cartujos; y de allí los pasaron y trajeron a esta ciudad de santo Domingo y están en la capilla mayor de la Iglesia catedral enterrados. Tenía hecho su testamento, en el cual instituyó por su universal heredero a don Diego, su hijo; y si no tuviese hijos, a don

Remando, su hijo natural; y si aquél no los tuviese, a don Bartolomé Colón, adelantado, su hermano; y si no tuviese su hermano hijos, a otro su hermano; y en defecto de aquél, al pariente más cercano y más llegado a su línea; y así, para siempre, mandó que habiendo varón, nunca le heredase mujer, pero no lo habiendo, instituyó que heredase su estado mujer, siempre la más cercana a su línea. Mandó a cualquiera que heredase su estado que no pensase ni presumiese de menguar el mayorazgo, sino que antes trabajase de lo acrecentar, mandando a sus herederos que con sus personas y estado y rentas dél sirviesen al rey y a la reina y al acrecentamiento de la religión cristiana. Dejóles también obligación de que de todas las rentas que de su mayorazgo procedieren, den y repartan la décima parte a los pobres en limosna.

Murió pobre y despojado, insiste Bartolomé de las Casas al concluir la vida de Colón

Y así pasó desta vida en estado de harta angustia y amargura y pobreza y sin tener, como él dijo, una teja debajo de que se metiese para no se mojar o reposar en el mundo, el que había descubierto por su industria otro nuevo, y mayor que el que antes sabíamos, felicísimo mundo. Murió desposeído y despojado del estado y honra que con tan inmensos e increíbles peligros, sudores y trabajos había ganado, desposeído ignominiosamente, sin orden de justicia, echado en grillos, encarcelado, sin oírlo ni convencerlo ni hacerle cargos ni recibir sus descargos, sino como si los que juzgaban fueran gente sin razón, desordenada, estulta, estólida y absurda y más que bestiales bárbaros. Esto no fue sin juicio y beneplácito divino, el cual juzga y pondera las obras y fines de los hombres, y así los méritos y deméritos de cada uno, por reglas muy delgadas, de donde nace que lo que nosotros loamos él desloa y lo que vituperamos alaba.

Libros a la carta

A la carta es un servicio especializado para
  empresas,
  librerías,
  bibliotecas,
  editoriales
  y centros de enseñanza;
  y permite confeccionar libros que, por su formato y concepción, sirven a los propósitos más específicos de estas instituciones.

Las empresas nos encargan ediciones personalizadas para marketing editorial o para regalos institucionales. Y los interesados solicitan, a título personal, ediciones antiguas, o no disponibles en el mercado; y las acompañan con notas y comentarios críticos.

Las ediciones tienen como apoyo un libro de estilo con todo tipo de referencias sobre los criterios de tratamiento tipográfico aplicados a nuestros libros que puede ser consultado en linkgua-digital.com.

Linkgua edita por encargo diferentes versiones de una misma obra con distintos tratamientos ortotipográficos (actualizaciones de carácter divulgativo de un clásico, o versiones estrictamente fieles a la edición original de referencia).

Este servicio de ediciones a la carta le permitirá, si usted se dedica a la enseñanza, tener una forma de hacer pública su interpretación de un texto y, sobre una versión digitalizada «base», usted podrá introducir interpretaciones del texto fuente. Es un tópico que los profesores denuncien en clase los desmanes de una edición, o vayan comentando errores de interpretación de un texto y esta es una solución útil a esa necesidad del mundo académico.

Asimismo publicamos de manera sistemática, en un mismo catálogo, tesis doctorales y actas de congresos académicos, que son distribuidas a través de nuestra Web.

El servicio de «libros a la carta» funciona de dos formas.

1. Tenemos un fondo de libros digitalizados que usted puede personalizar en tiradas de al menos cinco ejemplares. Estas personalizaciones pueden ser de todo tipo: añadir notas de clase para uso de un grupo de estudiantes,

introducir logos corporativos para uso con fines de marketing empresarial, etc. etc.

2. Buscamos libros descatalogados de otras editoriales y los reeditamos en tiradas cortas a petición de un cliente.

www.ingramcontent.com/pod-product-compliance
Lightning Source LLC
Chambersburg PA
CBHW020325170426
43200CB00006B/278